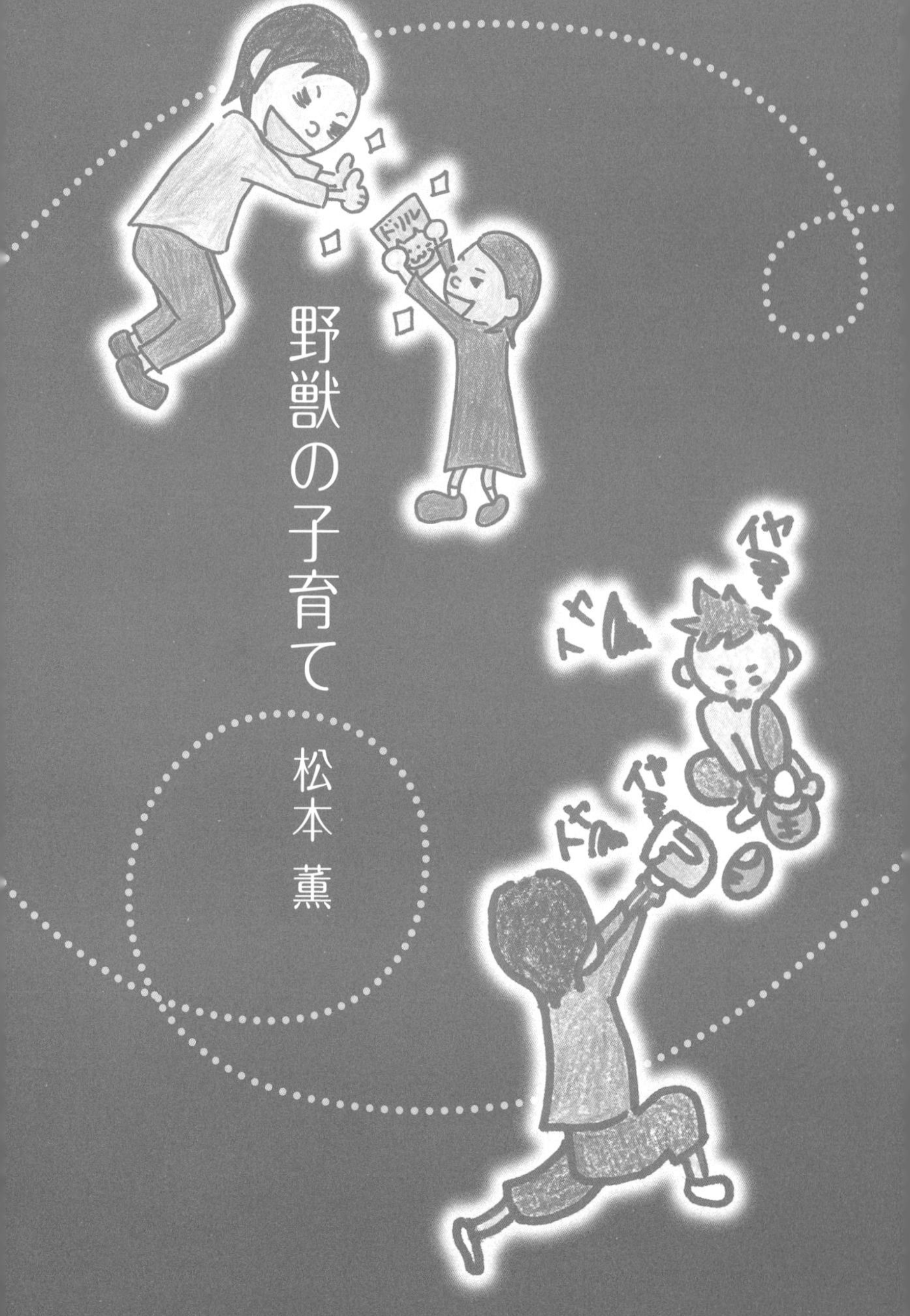

野獣の子育て

松本 薫

こんにちは、松本薫です。

以前アスリートだった私は超が付くほど完璧主義でした。

肉体から精神まで全て完璧に作り上げて世界の舞台で戦ってきたのです。

こんな私にも子宝には恵まれ、子育ても完璧に…なんて夢のこと。

自由気ままに本能で生きる我が子。

ゴールがみえない子育てに不安は募るばかりで、

そこで私を救ってくれたのが、たくさんの先輩ママさんのコラムでした。

この本をお手に取って頂き、ありがとうございます。

「野獣の子育て」が少しでも、笑顔への力になれたら嬉しく思います。

野獣の子育て

目次

◉イラスト／松本 薫

本書は2022年の「北國新聞」「富山新聞」に掲載された
連載「松本薫 野獣の子育て」をもとに加筆・修正しました。

幸せ感じる「しょうがない」

〝野獣〟だった私は、超がつくほど完璧主義であった。勝つために計画を立て、また逆算し行動する。そこから生み出す時間の使い方は、やはり超がつくほどの完璧主義。

私の脳の中には「何とかなる」という言葉は存在しない。「何とかなる」で勝てる世界ではないからだ。常に「何とかする」ために四六時中考えていた。

そんな私が一匹の〝子野獣〟を……可愛《かわい》い我が子を産んだ。この小さな我が子によって、新しい歯車がまわり始めることになった。

「頭角」を現す娘

生まれたばかりの娘はすぐに「頭角」を現した。3時間おきの授乳、おむつ替え、お風呂入れ、そして無限に続く抱っこ。24時間体制で付きそう私の時間は、娘ありきになった。新米ママになった私は、それでも今までの癖で、時間を決め、家事やトレーニング、練習などを行い、

育児も計画的に進めようと試みた。

　だが、実際は違った。自分に課したノルマの半分にも及ばないで一日が終わっていく。今日はうまくいかなかったけど、明日はできるはずだ。娘の生活リズムを理解していなかったのだろう。時間帯を変更し再チャレンジだ。そう考えた。

　しかし次の日も、その次の日も、うまくいくことはなかった。当時はまだ、ママ柔道家として東京オリンピックを目指していたため、正直、この現状に焦り、イラつき、ストレスが溜《た》まっていった。

　全てがうまくいかない、どうしたらいいのか、わからない。娘も大事、柔道も大事。気づけば娘を抱きながら涙があふれていた。寝ていたはずの娘もなぜか泣いていた。ふたりで泣きながら朝を迎えていた。

　そして、自分に問いかけた。私の一番大切なものは何か。一つしか選べないとしたら。

やれる範囲でやる

　答えは、はっきりとしていた。迷いはなかった。私の一番大切なものは娘だったからだ。大切なものに気づいた私に、もう迷いは消えていた。新しい歯車がまわりはじめた。

計画を立てるのをやめ、完璧をやめ、トレーニング中に娘がぐずっても、「しょうがないなぁ」って思えるようになった。時間で計画を立てるのではなく、合間をみて今できることを、やれる範囲でやるようになった。この時期の私には、いつも自分に言い聞かせている合言葉があった。

それは「しょうがない」である。

言葉の通り、まさにどうしようもないのだ。まだ赤ちゃんである。娘が自分でおむつを替え、お腹すいたーと言いながらおっぱいを飲んで、自分で背中をトントンしてゲップをしていたら、恐怖に感じているだろう。

「しょうがない」。その中にこそ小さな幸せがたくさん隠れており、今しかない可愛いさであふれかえっている。

完璧を捨てた代わりに「しょうがない」を手に入れてからは、競技人生の中でも娘と過ごした2年間が本当に楽しく、心から笑えるようになっていた。それからは、4歳になった娘と、イヤイヤ期の2歳の息子に「しょうがないなぁ」と言いながら、小さな幸せを今日もかみしめている。

「気づいてよ」じゃ伝わらない

私の旦那《だんな》(パパ)は、最高の旦那であり、最高のパパだ。

決してうぬぼれているのではなく、事実である。家族のために働き、家事も育児も全て一緒に行っている。家のこと、子供のこと、何でも共有し、共感し合える「戦友」でもある。

しかし、初めから最高だったわけではない。

家族、夫婦の形は人それぞれだ。私たち家族が、この形に至るまでには何度もぶつかり、話し合い、時間をかけてきた。

子供を授かると、それまでの「夫婦」から、「パパママ」として、新しい役割が必然的に生まれる。新しくできた家族の役割に適応しなければならない。

〝第一次野獣爆発〟

私たちが夫婦から家族になった頃、「これが家族と言えるだろうか?」と疑問に思うことが多々あった。疑問は時間がたつにつれ、どんどん膨れ上がり、私はあ

るきっかけで爆発した。〝第一次野獣爆発〟である。ものすごい形相で相手(旦那)を投げてしまったのではないかと心配される方もいると思うが、そこはご安心を(笑)。

なぜ爆発したのか？　それは、私だけがママになったからだ。

共働きの中、家のこと、子供のことは8割ほど、私が行っていた。旦那は時々ご飯を作り、時々わが子をお風呂に入れ、時々保育園にお迎えに行く。この「時々」、育児に参加しただけで、良いパパだと思っている節があった。そして、時々参加しただけで「育メン」と言われ、本人も「自分は良いパパだ」と思い込んでいた。

私が毎日やっていることには何の感謝もされず、時々参加の旦那になぜか「ありがとう」と言っている私。違和感しかなかった。

旦那は育メンという称号に酔いしれ、あたかも毎日自分が頑張り、私が楽をしているかのような言動をとり出した。その瞬間、少しずつ溜《た》まっていた火薬がダイナマイトのごとく大爆発を起こした。

大爆発と言っても、怒りや悲しみなどなく、淡々と冷静にゆっくりと低い声で語り始める自分がいた。この時の私は、旦那を旦那と見ておらず、目の前にいる「相手」として戦いに挑んでいた。戦いの準備は既に、十分にできていた。

「これ以上頑張れない」

そして、試合開始。ママとして毎日やっていること、考えていることなど想《おも》いを全て伝えた。時には紙に書き出し、目で見せることで現実を突きつけた。最後に「これ以上はごめん、頑張れない」とだけ言い残し、わが子を抱いて家を出た。

柔道の合宿が入っていたため、ちょうど良い距離と時間を取れた。合宿後、家に戻ると、机の上に私の好きな料理と謝罪の言葉が書かれた手紙が置かれていた。それだけで気持ちが十分に伝わった。

翌日から、旦那は積極的に家事や育児に関わりだした。初めは上手《うま》くいかなかったが、毎日やるうちに、今では何でもできる、頼りになるパパになった。それからは、お互いに頑張り過ぎないように、相手を気遣う言葉や最も大切な「ありがとう」の言葉が増えた。

そして、私も気づいたことがある。それは「気づいてよ」「見ればわかるでしょ」と思っていても、思うだけでは伝わらないことだ。

〝野獣爆発〟がきっかけで、気持ちを溜めるのではなく伝えるように心がけている。お互い話し合える関係が大好きだ。だから、私のパパは最高なのだ。

育メンとは何だろうか？　世の中は常に変わり、男性は働き、女性は家を守る時代から大きく変化している。女性も外で働き、共働きという言葉が当たり前の時代だ。男性の育児休暇など家事育児の関わり方は変わりつつある。今となっては育メンという言葉も古いのかもしれない。

子供の成長とともに、私たち親の関わり方も変化していくのだろう。変化がある分、問題も出てくると思うが、どんな時も話し合い、支え合っていこうと思う。

思わぬ水攻撃で「一本負け」

子供との生活は、毎日がてんやわんやで、時間の流れが目まぐるしく感じられる。

激流のように時が流れ、毎日と言っても過言ではないほど、事件が舞い降りてくる。名付けて「珍事件」である。子供は「珍」を呼ぶ天才だと思っている。この「珍」に毎日、親は翻弄《ほんろう》され、付き合わされることで「珍事件」となる。

私が体験した珍事件のエピソードを一つ、ご紹介させていただきたい。

始まりは公園

娘がまだ3歳の頃、その日は雲一つない晴天だったため、近くの公園にお弁当を持って出かけることにした。1歳の息子の分もと思い、いつもよりかなりボリューミー(量がたっぷり)なお弁当になった。

公園で一通り遊んだ後、お待ちかねの昼食タイムをとることに。お弁当を開くと小さな手がそれぞれ伸びてきて、あっという間に完食。この日は食欲旺盛だっ

た弟の勢いにのせられて、負けず嫌いの娘もいつもの倍の量を食べていた。

2人とも、いっぱいご飯を食べ、お弁当も空っぽにしてくれて満足だ、と悠長なことを思っていると、娘がお腹《なか》を押さえながら「ママ、トイレ」と顔を歪《ゆが》めて訴え出した。いつもより食べ過ぎてしまったせいでお腹を下したようだ。あいにく、この公園にはトイレがなく、近くのショッピングモールに駆け込み、何とか間に合った。

しかし、これは単なる序章に過ぎず、本当の戦いはここからであった。

多目的トイレには先に入っている方が

いたため、女子トイレの狭い個室に、私と娘、息子の3人で入ることにした。恥じらいを持ち始めた娘に「ママ、後ろ向いてて」と言われるがまま娘に背を向け、待っていると突然娘から「ママァァ！」と鬼気迫る声が。もはや〝雄叫び〟に近い。私が後ろを向いている間に、息子がトイレの横に入り込み、目の前にある魅力的なボタンを本能のままに押し続けていたのだ。

初めてのウォシュレット体験をする羽目になった娘は何ともいえぬ表情で耐えていたが、ついに限界を迎えて便座から離れた瞬間、水が勢いよく私に向かって飛んできた。

水を全身で受け止めながら、とっさに目に映ったのは、液晶画面の水圧レベルMAX(マックス)と水がいっぱい出てうれしそうに笑う息子。トイレの感知センサーにより水は止まったが、急に水攻撃を受けた娘と私は、時が止まったように固まった。思わぬ奇襲にまさかの「一本負け」である。

見たことのない速さ

すると、ピッという不穏な音で現実に引き戻された。かわいい笑顔と無垢《むく》な瞳でまたもやボタンを押しだし、2戦目を挑んでくる息子。その瞬間、今まで見たことのない速さで停止ボタンを押す、〃戦友〃の娘の姿があった。その後、娘は目的であった用を足すことができたのだが、その右手にはしっかりとボタンが隠されていた。

幸いにも順番待ちをしていた方が、トイレの清掃を手伝ってくれた。「大変ですよね、頑張ってください」と励まされ、人の優しさに触れてほっこりと温かい気持ちで帰宅したのであった。

子供といると、本当に摩訶《まか》不思議な出来事に遭遇する。今しか味わえないスリリングな日常を楽しんでいこうと思う。

一番笑顔になれる「適度」探そう

私の中で特に大事にしているのが、人との間合いである。あっ、人との間合いと聞くと、人を投げることしか考えていない危ない人だと思われそうだが…。職業病とでもいうのか、信号待ちをしている人を見ると、ついつい動きの癖を見てしまうこともあるが、ここでいう間合いは、投げることではない。心の間合いであり、人との距離感である。

良い人間関係を築くには、適度な距離感が必要と言われるが、この「プチ距離」

間合いと「プチ距離」

スポーツには、間合いというものがある。

柔道は相手と組み合う競技。遠すぎても、近すぎてもいけない。自分の「絶対領域」に、いかに持ち込めるかが鍵となってくる。

間合いを制するものが、勝敗を制すると言っても過言ではない(私の独自の考え方だ)。柔道やスポーツに限らず、世の中には、至る所で間合いをとることが多いように感じる。

と言える「適度」が非常に難しいものだと感じる。

「十人十距離」が必要

十人十色と同じように、「十人十距離」も必要なことなのだろう。この距離感の違いは、夫婦喧嘩《げんか》や兄弟喧嘩など、いろんな争いの火種になる。

私も子供の頃、一つ上の姉と毎日のように喧嘩をしていた。どっちの唐揚げが大きいか、テレビのチャンネル争いなど本当に些細《ささい》なことで喧嘩をしていた。しかし、こんなに毎日争っていたのに、15歳で実家を出たのを機に全く争うことはなくなった。

地元を離れホームシックになった時、いつも電話をかけていた相手は、あんなに喧嘩をしていた姉だった。年も近くライバルのような存在だったが、ぶつかり合った分、一番の良き理解者となり、当たり前の存在から、かけがえのない存在に変わった。私たちに必要だったのは、程よい距離感だった。

子育ても同じことが言えるのではないだろうか。

私の子供たちはゼロ歳から保育園にお世話になっている。私自身、当初はこんなに小さいわが子を保育園に預けることに抵抗があり、すごく悩んでいた。ネットで検索したり、先輩ママに相談したりもしたが、返ってくる言葉は皆バラバラだった。悩みに悩んだが、仕事復帰も考え、保育園に預けることにした。

職場も子育てに大変理解があり、時短勤務で働かせてもらっている。ある時「最近楽しそうだね」と旦那に言われたことがあった。このひと言で、はっと気づかされた。

イライラ、自己嫌悪

私自身、「母親だから子供のために」と自分で子供と一緒にいる選択をしていたのだが、子供とずっと一緒にいる時の私は、何度も繰り返されるいたずらにイライラし、強い言葉で注意してしまうことが多かった。そうなると、子供は大泣きしてしまい、その姿を見て、あんなに強く言わなくても良かったのに…と自己嫌悪に陥る。

だが、少しの時間でも外に出て子供と離れることで、より一層わが子を愛おしく感じ、同じいたずらでも「はいはい」と言って流すことが多くなっていた。

仕事と育児の両立は、確かに大変なことが多い。

特に2歳の息子はイヤイヤ期もあって手がかかるし、目も離せない。毎日がバタバタとあっという間に過ぎ、昨日の夜ご飯を思い出すのもやっとだ。

だけど、〝野獣〟の育児はこの適度な距離がちょうど良い。子供も私も、一番笑顔が多いプチ距離。どちらに寄るではなく、この中間。子供の成長に合わせ距離感は少しずつ変化していくだろう。その度に、一番笑顔になれる距離を探していこうと思う。

尽きない悩みも味わおう

これで良かったのだろうか？　と思うことがよくある。本当に自分でもめんどくさい奴《やつ》だと思うぐらい、これで良かったのかなぁと一時停止することがある。つまり「お漬物」状態だ。

「スポーツは怪我《けが》が付き物」と言われる通り、今回の北京五輪でも多くの選手が怪我を乗り越え、また抱えたまま奮闘する姿が放送された。

記憶に残る自身の試合も9割が、どこかしら体の不調を抱えながら戦っていた。次々やってくる新しい怪我に落ち込む時もあった。そんな時、励まそうとした仲間が「スポーツは怪我が漬物だから」と言い間違いをした。言葉を放った本人は赤面し、寒すぎるぐらい空気が凍り付いたが、じわじわと「漬物」が頭の中をこだまし、思わず吹き出してしまった。

どう付き合うか

漬物ならしょうがない。日本の食卓に古くから君臨し、今も愛され続ける人気

者。お弁当やカレー、定食など日本の食文化で切っても切り離せない。怪我を付き物としてあしらうのではなく、「怪我は漬物」。ついてくるのが当たり前で、どのように付き合うかが大切なのだと気づいた。

「子育ては悩みが付き物」という言葉を聞いたことがある。子供を通じてできた「悩みの漬物」とどう付き合うかだが、子育ては怪我とは大きく違う。怪我は治すことができるが、子どもは違う。だからこそ、子育ての悩みは尽きないのだろう。

親歴4年のまだまだ未熟な私はリアルタイムで尽きない漬物の真っ最中。これで良かったか、と現在も一時停止状態に

育児は「お漬物」

なっているものがある。

　2歳になって自我が出てきた弟君と4歳の娘がケンカをするようになった。正確にいうと、弟君が一方的に娘を叩《たた》いている。その間、娘は拳をぎゅっと握りしめ、じっと下を向いて耐えている。そして耐え切れず大きな声で泣き出した。

　娘の姿に目を疑った。こんなケンカは想定外過ぎる。子どもの頃、兄弟ゲンカを毎日した私の辞書の第3条は「やられたら、体全体で食らいつけ」。自分が守りたいものは絶対に守り抜け。やり返したり勝つためではなく、大切なものを守るために戦う。とカッコ良く言っているが、こうでもしないと私のお菓子が無くなるのだ。5人兄弟の4番目の宿命である。

　だからこそ、娘の耐え忍ぶ姿が衝撃的で困惑した。初めこそ、泣いている娘に寄り添い弟君を注意した。それでも、繰り返される兄弟ゲンカに付き合いきれず、自分より小さい弟に泣かされるってどうなの？　泣くだけでいいの？　と疑問に思い、娘に一つ提案をした。「弟君に限っては、やり返しても良い」と。

　それから、またすぐ、娘が遊んでいるおもちゃが気になり出した弟君がジャイアンのごとく奪いにきた。弟君がおもちゃを奪おうとぺちぺち叩いていると、娘が「止めて」と言って弟君を押しのけた。勢いで尻もちをついた弟君は大泣き。その弟をみて娘もまた泣き出した。

それ以来、娘は弟君にやられてもやり返さなくなった。そんな娘の姿をみて、大事なことに気づいた。

本当に問題なのは…

どうして姉は弟に泣かされてはいけないんだろう。体が大きいからか？　年上でお姉ちゃんだからか？　問題があるのは本当に娘なのか。

2歳で、弟というポジションにカモフラージュされていたが、目を向けるべき相手は、娘ではなく、弟だった。娘の優しさと強さが私の間違いを気づかせてくれた。娘を思いっきり抱きしめ「ごめんね、お姉ちゃんはこんなに頑張ってたんだね。いたずらをしていたのは弟だったのに…ママが間違ってた。ごめんね」と伝えると娘の小さな肩は震えだし、胸の中でわんわん泣いた。

それからは、弟君に1人の人として、ダメなことはダメと伝えるよう心がけ、娘にも嫌なことがあったら嫌とはっきり言うように伝えたことで、このお漬物は一時停止している。

子育てのお漬物は、その時々で味も大きさも変わってくるだろう。時に間違えることもある、その度に一時停止し、子供と一緒に一番美味《おい》しく頂く方法を探していこうと思う。

「ナイフ」手に人質を脅す天使

子供との暮らしに珍事件は必ず付いてくる。今回は2歳児である息子が公園を〝ジャック〟(乗っ取り)したようなお話である。

おもちゃに「三度見」

日用品の買い出しで、主婦の強い味方、「百均」へ息子と出かけた。着くと、息子は一目散におもちゃコーナーへ走り出す。動くものを瞬時に捕らえる習性の母(私)が秒の速さで息子をつかまえ、脇で抱えながら必要な物をカゴに入れていった。

いわゆる「イヤイヤ期」特有の買い物スタイルとでもしておこう。買い物の最後に、息子をおもちゃコーナーで解放し、お約束の「1個だけなら買って良いよ」と伝えると、待ってました、と言わんばかりに品定めを始めた。いろんな品物を手に取る。次々と目に映る新しいおもちゃが魅力的なようで、すごく悩んだ後、ついに一つだけを決めて持って来た。

大事そうに抱えている物を見て、二度見ならぬ「三度見」してしまった。なんと、息子が持っていたのは、マジックナイフだったからだ。刃の部分を押すと引っ込むおもちゃなのだが、ルックスや形はナイフそのもの。海賊映画に出てきそうな感じだ。さすがにおもちゃといえど物騒なので、車の模型やシャボン玉などを勧めるも、息子は頑《かたく》なにナイフを離さず執着し、「ロックオン状態」。

仕方なく、おもちゃのナイフを購入すると、嬉《うれ》しそうに刃をへこませて遊ぶようになった。遊び方はたくさんあり、ある時はおままごとの包丁に、またある時

公園“乗っ取り事件”

は風呂でお湯を混ぜるのに、と大活躍。すっかりお気に入りのおもちゃに「昇格」した。

　そんな時、「たまには砂遊びがしたい」と言う娘の提案で、使うおもちゃは子供たちで準備して、公園へ出かけることにした。

　到着し、おもちゃ袋をひっくり返すと、娘の中身はボール、シャボン玉、ぬいぐるみと可愛《かわい》い。対して息子は、子供用の箸《はし》、車の模型のタイヤ、そしてハマり中のマジックナイフ。意外だった箸とタイヤに目が点になる私をよそに、息子はナイフを握り締めて砂場で穴掘りを始めた。

　スコップを扱うように、あまりにも夢中で穴掘りする息子。気づけば私の目にナイフはスコップのような存在に変わっていた。しばらくして、砂遊びに飽きた息子がナイフを持ったまま滑り台の方に駆け出した。階段を楽しそうに登りきり、頂上で満面の笑顔でナイフを握った手を大きく振っている。そんな嬉しそうなわが子を見ながら、今日も平和だなぁと私は小さな幸せに浸っていた。

　すると突然、後ろから「あれ、やばくない?」「やばいな」と言いながら笑っている声が聞こえてきた。声のする方を振り向くと、通りすがりの小学生2人組がいた。小学生の視線の先にいるのは、天使の笑みで手を振る息子だ。

平和から「地獄絵図」へ

「やばすぎるぐらい可愛いってことなのだろう」と親バカ全開の思考をしていると、キラリと輝く物が目に入ってきた。そのとたん、「洗脳」から覚めたかのように、今まで平和だと思っていた光景が地獄絵図に早変わりした。

まだまだ赤ちゃん感が残る天使の息子が、ナイフを振りかざし、まるで〝公園ジャック〟しているようではないか。息子の隣には、お気に入りのぬいぐるみが汚れて泣いている娘がいる。もはや、人質にしか見えない。

今思うと、公園に着いた時、息子が一心不乱に砂場で穴を掘っていたのも、何かの証拠隠滅を図っていたのではないか……と刑事ドラマ好きな私の妄想が止まらない。ともあれ、非常にカオスなことになっている今。すぐに息子を現行犯逮捕……、ではなくナイフを没収した。奇跡的にも、公園で遊んでいたのは私たち親子しかいなかったのが不幸中の幸いだった。

もちろん、お気に入りのおもちゃを没収された息子と、大事なぬいぐるみが汚れてしまった娘の2人とも、泣きじゃくりながら帰路に就いたのは言うまでもない。私にすれば、こっちの方がまさに地獄絵図だった。

忘れていた「ありがとう」

子どもの真っすぐな瞳、純粋さに「はっ」とさせられることがある。損得勘定や固定観念がないからこその素直な言動は、大切なことを教えてくれる。

各家庭には「Myルール」が存在していると思うが、我が家にも一つだけ大切にしていることがある。ありきたりな言葉だが「ありがとう」を言うことだ。我が家では毎日「ありがとう」と言い合っている。

5歳から柔道を始め、引退するまでの26年間の歳月の中で、武道の心得を持ち合わせてきたつもりだ。柔道には「精力善用　自他共栄」という言葉があり、意味は「相手に対し感謝することで、信頼し、助け合う心を育み、自分だけでなく他人と共に栄える世の中にしよう」だ。

そのため、道場に出入りする際は一礼し、相手と組み合う時は必ず「お願いします」、相手と離れる時も「ありがとうございました」と感謝の言葉を述べる。海外の柔道家も「礼」は世界共通で、相手と組み

合う前に礼をする。そんな世界に長年いながら、目先のことにとらわれ、大切なことを見失ってしまったことがある。

まさかの全力拒否

つい最近のすごくショッキングな出来事だ。私は子どもの頃から生き物が好きで、クワガタや金魚、カタツムリ、猫を飼っていた。子どもは、無条件に生き物が好きだと思っていた私は玄関先にいたダンゴムシを娘と息子に見せると、まさかの「イヤー」と全力で拒否。犬と猫を飼っている姉の家に遊びに行った日には2人とも泣き叫び、ずっと抱っこにおんぶ状態で、ボディービルダーさながらに筋肉がパンプアップしていた。子どもたちの反応に愕然《がくぜん》としたが、これまで生き物と触れ合う機会を作ってこなかった私にも原因がある。

そこで車を買い替える一大決心をした。えっ！なんで車？と聞こえてきそうだが…。以前から自然が大好きな旦那《だんな》はキャンプに行こうと誘ってくれる。しかし警戒心が強い私は布1枚のノーガードの状態で寝ることができないことから、いつもその話を受け流していた。

子どもの成長は早く、待ってくれない。小さい頃から自然の中で遊び、遊びを通していろんな生き物に触れることで少しずつ慣れるのではないか。また子どもたちと、こんなに濃密な時間を過ごせるのも今しかないのではなかろうか。などと話し合った結果、私たちの生活に合った車に買い替えることにしたのだ。

今まで乗っていた車はセレナで、「セレちゃん」と呼ぶほど愛着があった。娘と一緒によく洗車をするほど大事にし、思い入れのある車だったが、お別れすることになった。

それから新しい車と出会い、娘もうれしそうに試乗していたため、新車がやってくるワクワクに気持ちがシフトしていった。セレちゃんを少しでも高く引き取ってもらえるところを血まなこになって探していた時、娘が指で壁に何か書いていた。

震える小さな背中

「何書いてるの？」と聞くと静かにうつむきながら「セレちゃんありがとう」と返ってきた。壁に一生懸命文字をつづる、その小さな背中は震えていた。娘の涙に、私は大切な何かを忘れていることに気づいた。

「さようなら」の前に「ありがとう」だ。車の買い替えが決まってから、手続きや業者探しに追われ、気づけば愛車だったセレちゃんは埃《ほこり》で汚れていた。

普段から「ありがとう」だけは大切にしていたつもりが、目先の出来事にとらわれ、一番大切なことを忘れていた。娘をぎゅっと抱き寄せ「ママと一緒にありがとうの洗車でもしようか」と問いかけるとニコっと笑顔になり元気よく「やる！」と答えてくれた。娘と「ありがとう」と言いながらいつも以上に念入りにきれいに磨き上げた。今では「次にセレちゃんに乗る人が大切に使ってくれるといいね」と言い合っている。

どうしても大人になると、今やらなければならないことに追われ、大切なことを見失ってしまうことはないだろうか。そんな時こそ童心に返り、忘れものはないかと探してみることも良いのかもしれない。

おさかなつかまえるぞ!!

水って気持ちいいね！

モノクロから黄金色に

〝野獣時代〟の私は桜が嫌いだった。桜の花が咲く4月には柔道の全日本の大会がある。この大会でほぼ世界選手権やオリンピックの代表メンバーが決まるからだ。桜の蕾《つぼみ》が膨らむにつれ、戦いの日が近づく合図となり、不安と焦りも一緒に膨らむ。だからこそ、より一層極限まで自分を追い込み、不安よりも勝る、焦りをも鎮める、戦うための〝野獣〟を作り込んでいた。

春だけでなく、他の季節も同様だ。蝉《せみ》が元気よく鳴く夏には世界選手権など大きな大会があり、紅葉が深まる11月は講道館杯で強化選手の入れ替わりがある。冬にはヨーロッパ遠征が始まり、また春が来る。このレールから振り落とされないように、必死にもがいていた。

勝っても勝っても終わりがなく、辿《たど》り着いた場所はモノクロの世界だった。四季の訪れが次への戦いの合図のように、ただ淡々と〝野獣〟を作り込んでいく。〝野獣〟になればなるほど、勝つことだけが許されていった。

桜が怖く、紅葉避けて…

次第に桜が咲くのが怖くなり、蝉《せみ》が鳴き出すとまだ土の中にいてと願い、木々が紅葉で色づくと緑の葉を求め、冬の冷たい風が頬をさすと心まで凍ったような感覚に陥っていた。

いつからモノクロの世界になっていたのだろう。子供の頃は、季節ごとの楽しみがたくさんあり、わくわくしていた。特に夏や冬の休みには加賀に住んでいる祖父に会いに行くのが大好きだった。

皆で真っ黒になるまで海で遊んで、夜は花火をして、遊び疲れてリビングで寝落ちしていた。冬には雪合戦にかまくら作り、どれだけ大きな雪だるまを作れるかを競った。雪遊びの後、祖母が鴨肉の入ったお雑煮を作って待ってくれている。これがまた絶品で上質な鴨の脂がスープに染み出し、お餅と絡みあって噛《か》めば噛

四季の彩りと変わる心の景色

むほど旨味《うまみ》が広がり、夢中でお口いっぱいに頬張った。

　どの思い出もキラキラ輝いていて私の宝物だ。大人になるにつれ、少しずつ少しずつ自分でも気づかないうちに背負うものが増えていき、ふっと周りを見渡すと、私の目に映る景色は白と黒の2色だった。

　勝つことで白が塗られ、負ければ黒がつく。勝敗の色が私を染めていき、戦えば戦うほど私の中から色がなくなっていた。そんな世界に新たな色が付け加えられた。

　冬の寒さが深まる朝、いつものように娘を自転車に乗せ保育園に向かっていると、寒さで背中を縮こめる私とは真逆に頬を赤らめながら「さ〜む〜い〜」と叫びながら両手を上げ大きなお口を開けて笑っていた。なぜだか嬉《うれ》しそうに「ママ寒いねぇ」と笑っている。とっさに「そうね〜寒いね」と答えると、モノクロの世界に温かいものが流れてきた。金色だ。

　メダルの金ではなく、どこかほっこり懐かしいような黄色。体の隅々まで流れる煌《きら》めく黄金色。自転車のハンドルを握る手は感覚が無くなるほど冷え切っているのに、不思議と寒くない。こんなに暖かい冬があっただろうか。次第に桜の蕾が膨らむのを待ち遠しくなった。娘と、大切な家族といろんな景色をみたいと思うようになった。

最後の戦いの日。勝てば東京オリンピックへの第一歩につながる大事な試合。会場にはたくさんの人が応援に来てくれ、娘も家族も駆けつけてきてくれた。不思議と心は穏やかだった。いつものようにルーティンをこなし畳に上がった。そこにはかつての〝野獣〟はいなかった。

黒すら愛おしく

勝ち負けなど関係なく、子供のようにただ柔道で遊んでいた。年齢という体力の限界が遊びの時間に終わりを告げた。あんなに嫌いだったはずの黒が、こんなに綺麗《きれい》な黒があったのかと、黒すら愛《いと》おしく感じられた。私にはもう、かけがえのない黄金色があったからだ。

たくさん「お疲れ様」と声をかけてもらう中、娘が私に抱きついてきた。ギュッと抱きよせながら「ただいま」と小さく呟《つぶや》いた。日本には四季があり、季節ごとの楽しみがたくさんある。四季の彩りと共に思い出も色づいている。

子供と過ごす時間は限られているからこそ、少しでも一緒に、四季の彩りと共に人生も彩りをと願う。

一歩ずつが「出来た」になる

娘のブームはお勉強

最近、４歳の娘の中でブームになっているものがある。それがなんと、学習用ドリルだ。字を書いたり、数を数えたりするお勉強用ドリルなのだ。本当に私のお腹《なか》から生まれてきたのかと思うぐらい驚いている。

文武両道と言われている昨今だが、私は皆さんのご想像通り勉強は得意ではない。宿題でドリルが出ても答えを丸々写し、授業中は教科書に落書きをするのが常だった。だからこそ、私とは正反対の娘に驚きを超えて感心している。娘がお勉強をするようになったのは、あるきっかけがあった。

２年ぶりに旦那の故郷である高知県でお正月を過ごした時のこと。義姉の家族も集まり、子供たちのわちゃわちゃとした笑い声があふれる賑《にぎ》やかなひと時を過ごしていた。そんな中、義姉の息子さんが小学生であることから、お勉強をしていた。娘はその姿に胸を打たれたようで東京に戻ってから「お勉強がしたい」と言い出した。

子供同士の刺激

それまでは一切そんな素振りはみせなかったのだが、従兄弟《いとこ》のお兄ちゃんにたくさん遊んでもらって仲良くなり、しばらくしゃべり方も真似《まね》するほど大好きになったようだ。子供同士の刺激って本当にすごい。

さっそく本屋さんに幼児用のドリルを買いに行くと、いろんな種類があり、どれにするか1冊ずつ開けて選ぶことにした。2人で楽しく選んでいると、娘と同い年ぐらいの子供を連れた親がつかつか

と割って入ってきた。その母親は私たちに聞こえるように「○○ちゃんは4歳用のはもう簡単過ぎるから5歳のにしよっか」と言い出した。

ちょうど娘が持っていたのは4歳用のドリルだ。その後も、その母親は子供が絵本コーナーに行ったにもかかわらず「自分の子出来るアピール」をし続けていた。その圧に押されてか、娘は焦ったように5歳用のドリルを手に取り、これにすると言い出した。その瞬間、私の眠れる〝野獣〟が牙をむいた。

心の中で背負い投げ

やりたいと思うこと、努力から生まれる「出来た」が、その積み重ねがどれだけ大切で尊いことか、わかってんのかぁぁ、と心の中で背負い投げしながら、両膝を床について娘の手を握りながら静かに話し始める自分がいた。

本当にこれで良いのかな？　娘ちゃんの初めて勉強したいって思った、そのやりたい気持ちってすごく素敵《すてき》なことなんだよ。やりたいって気持ちは背伸びをし過ぎると、出来ないことばかりで、つまらなくなると思うのね。ママはひとつずつ「出来た」を増やしても良いと思うの、娘ちゃんの初めての「出来た」はどれが良いかもう1回探して見ない？と問い掛けた。

すると娘は、もう一度選び直し、次は笑顔で「これにする」と3歳用のドリルを抱えていた。娘ちゃんが自分で選んだドリル、ママも気に入った！　帰ったら一緒にやるの楽しみだね、と娘に伝えると、先ほどの母親はそそくさと足早に去っていった。

柔道も一番最初に習うのは受け身である。そこには年齢は関係なく、受け身から始まり、組み手、技の順番に教わっていく。ひとつずつの積み重ねで技を覚え、得意技や自分だけの戦い方を見いだしていく。

その過程は楽しいことばかりではない。思い通りに出来なくて何回悔し涙を流したことか。時には人と比べ、周りの才能に嫉妬《しっと》し、何度、自分を嫌いになったことか。それでも近道なんてなくて、ふらふらと遠回りしながら。たまに寄り道なんかもしちゃって怒られてばかりだったけど、一歩一歩、もう一歩の繰り返し。この一歩が「出来た」につながり、「出来た」からのもう一歩でチャレンジにつながる。

今回、娘はお勉強への一歩を踏み出した。これからどのような歩みをしていくのか見守っていこう。…と思いに浸っていたのも束《つか》の間、本当の戦いはここからだった。

見守る覚悟がやる気生む

小学生の従兄《いとこ》の勉強する姿に大いに刺激を受けた4歳の娘。初めてお勉強をしたいという気持ちが芽生え、本屋さんでなんとか自分にあったドリルをゲットし、お勉強への一歩を踏み出した。

ドリルを大事そうに抱えた娘は家に到着すると、漫画のように靴をポンポンと脱ぎ捨て、リビングに駆けていった。鉛筆を握り締め、やる気満々のため、早速やってみることに。ドリルを開くと文字の書き方、数の数え方、迷路など様々な問題があった。

たった1冊にバリエーション豊富な内容。これなら飽きずに続けられるかも、と期待が膨らむ。まずは文字の書き方から始め、書き順の数字通りに文字をなぞるだけなのだが…なぜか出来ない。書き順は仕方ないにしろ、文字をなぞるという動作が出来ない。娘には柔道以外に何かを教えたことがないため、「えっ、そこからぁぁ!?」とすごく驚いた。

教える立場分からない

自慢ではないが、私はこれまで受験勉強せずにやってきたため、勉強を教えるという立場が全然分からなかった。こう言うと、「勉強しなくても出来ちゃう系」かと思われそうだが、全くの誤解である。実際の私は…、皆様のご想像の通りである。

娘に何度も文字のなぞり方を教えるが、やはりうまくいかない。気分転換に迷路をやってみると、迷路の概念をぶち破るかのごとく、スタートから迷うことなくゴールまで一直線に線を引く。これはこれで、目の前の壁を避けるのではなく突

ドリルの火蓋を切る

破していくさまに感心してしまう。完全に親バカだ。

なんとか親バカの目を覚まし、再度、娘に迷路のやり方を説明するが、やはり壁なんてお構いなしにゴールする。何度も何度も説明するが、一向に出来ない娘に徐々にいら立ち、娘が間違えると「だから、何回も言っとるやろ！」と強めに言葉を発してしまった。

娘も出来ないことが続き、機嫌が悪くなっている。娘も私もイライラが増し、この状態はヤバイと察した私はその場を離れ、いったんトイレに逃げ込んだ。トイレにこもり一息ついてから、「なぜ、私はいら立ってるんだ？」と自分に問いかけた。

何度言っても娘が出来ないからか？初めてだから出来なくて当たり前ではないか？ 出来ないことはいら立つほどダメなことなのか？ 自問自答を繰り返した結果、一つの答えにたどり着いた。娘が自分の思い通りの結果を出さなかったから、いらついていたのだと。

出来たことに目もくれず、出来てないことだけに囚《とら》われて指摘する。私の勝手な思いは、娘のやる気まで削《そ》ぎ落として、最低だ。

己の未熟さに深く反省しながらも、場所はトイレであるため不可抗力で出るものは出てしまう。トイレで全て出しきり、再び娘の横に腰を下ろした。

「出来ること、いっぱい」

娘の手を握って、「怒ってごめん。娘ちゃんが出来てること、いっぱいあるのに出来ないことばかり言ってごめんなさい。ママが間違ってた」と謝り、続けてドリルのやり方を提案した。①始めにやり方だけを説明する ②ママは離れて見守る（家事をする）ので、間違っても良いから自分で考えて自由に書いてみる ③どうしても、分からない時はママを呼ぶ。その3段階のやり方を伝えると、娘は機嫌よく「うん、やってみる」とまたやる気を出してくれた。

このやり方で5カ月が経ち、今では全ての平仮名が読めるようになり、書ける字も増えた。迷路もたまに、最初のように「壁を乗り越える」こともあるが今は普通にこなし、足し算は指を使って出来るまでになった。ドリルをやる日があれば、やらない日もあるがそれでいい。

娘が少しずつだけど自分のペースで確実に成長していく姿を見ると、あの時、〝野獣爆発〟せずに踏みとどまって本当に良かったと思う。私に出来ることは、小さなことを指摘するのではなく、自主的な「促し」なのだろう。これからも、子供のやる気を大人の期待で潰《つぶ》さないように見守っていこうと思う。

高速、強力トントン　犯人は…

睡眠＝脳や身体の休養、疲労回復、免疫機能の増加など私たちには必要不可欠なもの。

アスリートは、質の高い睡眠によってパフォーマンスも向上するため、現役時代は寝るのも練習の一環のように捉えていた。実際、寝具にはこだわり、マットレスは身体の沈み具合を測定し、オリジナルで作ってもらっていた。眠りの質を高めるためにアロマをたいたり、照明を変えたりして、自分に必要な睡眠時間を確保するために夜を過ごすと言ってもいいほど睡眠を大事にしていた。

寝室では「川の字」

そんな私だったが、今は180度違う睡眠のとり方をしている。我が家は、子供たちと私が夜10時頃に就寝し、残りの家事を旦那が行う。旦那はそれが終わり次第、寝室に入る生活スタイルだ。寝る構図は、鯉《こい》のぼりのように一列に並んで寝ている。俗にいう「川の字」というやつだ。

娘、私、息子、旦那の並びで、夜中に布団を蹴飛ばす子供たちに布団をかぶせたり、夜泣きの対応が迅速に出来るように、私が子供の間に入っている。しかし、このポジションは動きやすさに関しては抜群だが、睡眠力については最悪の場所なのだ。

子供の寝相は本当にすごい。川の字で寝ていたはずが、なぜか私の顔を蹴ってくる息子に、私のお腹《なか》を枕にする娘。いつも決まって私のところに集まるため、私は狭すぎて寝返りが打てない。それでも眠れるのだから、育児の疲れはすさまじい。

睡眠中の珍事件

夜中の眠い状況で、なおかつ真っ暗な中、子供の面倒をみるとなると、どうしても〝珍事件〟に遭遇する。ある日、みんなが寝静まった頃、2歳の息子が泣き出した。「ママ、トントン」と催促する息子。暗闇の中、息子の体にそっと手を置き、トントンすることに。息子が安心するまで、ひたすらトントンを続けた。私の心の中は「寝ろ寝ろ寝ろ寝ろ」。邪念もなく、ただシンプルに、「寝ろ」の思いだった。

するとも息子は徐々に落ち着き、そのまま眠りについた。私も気づけば眠りに落ちていた。

翌朝、旦那が眠そうに寝室から出てきたので、「寝不足？　大丈夫？」と声をかけると、目の下にくまを作りながら昨夜の恐怖体験を話してくれた。夜中に息子が「ママ、トントン」と言った時、旦那も起きたらしく、旦那は息子に優しくトントンしていると、急に手の上から高速かつ力強いトントンがやってきた。

貧乏ゆすりとほぼ同じ速度のトントン。ものすごい速さと力強さに手を引くことも出来ずにいると、5分ほどでトントンの手が止まり、寝息が聞こえてきたそうだ。不意にトントン攻撃を受け続けた旦那は目が覚め、しばらく眠れなかったらしい。攻撃の最中、何度も手を引こうと思ったが、圧がすごくて体が固まり、旦那は「これが世界の圧か」とよく分からないことを言っていた。

息子がカワウソに!?

どうやら私は、旦那の手の上から旦那ごと寝かしつけていたようだ。息子は生まれた時からずっと、このトントントンで育ってきているため平気なだけで、私はトントン一つをとっても、全てが強めなことが分かった。さらに、私が息子だと思って布団をかけていた相手が…実は、カワウソのぬいぐるみだったそうだ。カワウソを息子だと勘違いし、息子から布団を引きはがし、カワウソにかけていたことも分かった。

旦那は寒そうに丸まって眠る息子に布団をかけ直すも、私がすぐに息子から布団を奪いカワウソにかける。そんなやりとりをエンドレスでやり合っていたらしい。どおりで朝起きるとカワウソが布団をかぶり、旦那と息子がくっついて寝ているわけだ。

可愛《かわい》い寝方だなと思っていたが、犯人は私だったようだ。旦那いわく、無意識下の私は〝眠れる野獣〟らしく予測不可能。その影響か、一緒に寝ている子供たちも強く育ち、まるで〝小野獣〟だそうだ。

睡眠の質を高めるのは良いことだが、無意識下の行動もできるだけコントロールし、高めたいと思う今日この頃である。

子供ヤンキーが「ヨロシク！」

我が家にちょっと変わったブームが到来している。名付けて「松本族」。どこのグループにも属することなく、己の道を突き進む。族のリーダーはママ、リーダーの座を奪おうと4歳児の娘が2歳児の弟を引き連れて日々抗争が繰り広げられている。

松本族の成り立ちは、ささいなことから始まった。4月に始まったドラマに「不良もの」があり、コメディー系大好きな私がハマり、毎週楽しみにしている。平日は慌ただしく時間が過ぎていくため、休日に夫婦で見るのが恒例だった。初めは夫婦でドラマを楽しみ、子供たちは各々《おのおの》遊んでいたのだが、なぜか娘もこのドラマを気に入り、今では家族皆の楽しみになっている。

血が騒ぐ格闘シーン

ドラマを見ながら格闘シーンが出ると、私はどうしても血が騒いでしまい「これじゃ人は倒せないんだなぁぁ」「角度がも

うちょい」などとつぶやいてしまう。旦那の「どうやるの？」の言葉が合図となり〝実戦指導〟に入る。ドラマを見終わる頃には少し強くなった気がする松本一家。
さらに私の悪い癖なのだが、映画やアニメ、柔道はもちろんのこと何でもマネをしたくなるのだ。柔道であれば「相手の技を盗む」と言い、相手の良いものを学ばせてもらい自分の形に落とし込んでいく。
この癖がどうしても発動してしまい、ドラマを見終わる頃には〝ヤンキー松本〟が完成し、もはや仕上がっている状態だ。娘もこの時を待っていたかのように、必ずノッてくれる。ママの「オメーラ、歯磨きはしたか？」の声にすかさず娘が「オウ！」と答える。

ママ「嘘《うそ》つくんじゃねー、虫歯になったらオメーの大好きなアンパンマンチョコが食べれねーようになるぞ」。すると娘は歯ブラシを持ってきて私に差し出し「オウ！　ヨロシク！」。2人でケラケラ笑いながらヤンキーごっこをしている。言葉も基本、「オメーラ」「オウ」「ヨロシク」の3つで、それなりになるのだ。

ある日、家事がひと段落してソファーでひと息ついていると、娘と息子が玩具の車でソファーの周りをグルグルと乗り回している。どうやら、娘は息子を子分として引き連れてリーダーであるママを倒しにきたらしく「ママに負けないヨロシク！」と言っている。倒しに来たはずなのだが、ただひたすらソファーの周りを「ヨロシク！」と言いながら2人で回っている。2歳の息子が飽きたようで、いきなり「いらっしゃいませー」とよく分からないお店を開業するも、すぐに娘に捕まり、また車に乗せられ、走り出すことを繰り返している。

〝魔法の言葉〟

コバエのように絶えず付きまとうことで私に精神的なダメージを与えようとし

ているつもりだが、そうはいかない。この状況をいとも簡単に打破する〝魔法の言葉〟を私は知っている。ひと息つくはずが、急なコバエ攻撃でちっとも休めないことにしびれを切らし、私はついに魔法の言葉を発した。

「ミカンの缶詰食べたい人ー！」。すると2人とも、大きな声で「はーい！」と返事をし、急いで車を乗り捨て机に集まった。ミカンをお皿に盛り、夢中で頬張る子供たちを見ながら、やっとひと息つくことができた。食べ終わると、違う遊びにチェンジしていて、子供の気の変わりようにこの時だけは助けられた。

毎週欠かさずドラマを見ているせいか子供たちの演技のクオリティーが着々と上がっている。ある時、旦那が娘に、寝る前のトイレを促すと、〝あーん〟とナチュラルに威嚇した。不意に出た威嚇用語に「〝あーん〟はダメ」とごもっともなお叱りを受けた娘。さすがに私も行き過ぎたなと反省し、言葉の使い方を娘と話し合い、ヤンキーごっこはお家だけで、という約束をした。

きっとこれから、子供たちはいろんな所でたくさんのことを学んでくるだろう。学んだものの使い方を親がしっかり見ることも大事なのかもしれない。

シミやシワ、年齢は勲章なり

誕生日のありがとう

誕生日を迎えた娘が5歳になった。まだ5歳だけど、もう5歳。これまでの期間は短かったような長かったような。子供の成長はあっという間だとよく耳にするが、たしかに2歳の頃の娘を思い出すことが出来ない。

2歳の娘はどんな顔で笑って、どんな泣き顔だったのか、思い出そうとしても今の娘が出てくる。思い出せないほど、5年という月日にはたくさんの出来事があり、長かったはずなのだが、今「現在」に目を向けると、まだ5歳なのかと急に時間の感じ方が変わる。見る角度で時間の感じ方まで変わるのだから、人って面白い。

5月の中旬頃、ふとカレンダーをみると娘の誕生日が近づいていることに気がついた。娘に「もうすぐで誕生日だね」と声を掛けるとよほどうれしかったのか、飛び跳ねて喜んでいた。プレゼントは何がいいかなぁ、ケーキも食べたいなぁと、その日から娘の頭の中はお誕生日でいっぱいになった。

朝起きて「もう5歳？」

朝起きるたびに「もう5歳？」と聞かれ「まだ4歳、あと10回寝たら5歳やね」のやり取りが誕生日が来るまで続いた。誕生日や年齢に興味を持った娘に「ママの誕生日は？　何歳？」と聞かれ「9月11日の34歳」と答えるも、娘が覚えられたのは年齢の34歳だけだった。この覚え方が恥ずかしい思いをするはめに…。

保育園からの帰り道、子供たちを自転車に乗せ信号待ちをしていると、娘が「もうすぐで5歳、ママは34歳」と、誰かに言うわけでもなく突然言い出した。しかも「34歳」だけやたら声がデカい。居合わせた人たちが一斉に振り向き、急にスポットを向けられた私はただひたすら焦った。

いきなり年齢を〝公開処刑〟され、小さくなりながら「なんかすみません」と言って軽く会釈すると、その場の方々も会釈して、何とも言えぬ空気が流れた。赤信号がやたら長く感じた。これほど長い信号待ちはもうこりごりだと思い、娘とは「ママの年齢はお外では言わないこと」と約束をした。

何はともあれ、こんなにも誕生日を楽

しみに待つのは子供の特権だ。誰もが皆、年を重ね、年齢との戦いがある。私の身体にもしっかりと年齢は刻み込まれており、ランニングトレーニングで必要以上に焼けた証しであるシミや、シワが顔にも出来るようになった。

経験は最高の財産

だが私はこれらを勲章と呼んでいる。シミやシワでもない勲章だ。今現在も最低限の運動に肌のお手入れをするが、年齢にはかなわない。しかし、その分、経験という最高の財産を手にしているのだから、やはり勲章だ。

こんなカッコイイことを言いながら、普段の私はポンコツだ。柔道は勝った数より負けた数の方が多く、名刺交換で今も戸惑い、アイス作りでは仲間に助けられてばかりだ。だけど、この経験が少しずつ実り、アイスも一人で作れるようになってきている。経験は財産なり。ならば、年齢は勲章なり、ではないだろうか。勲章と言えるように、今を大切にしようと思う。

そして、ついに娘の誕生日の朝。日課だった「もう5歳?」の問いに「5歳だよ、お誕生日おめでとう」と伝えると、娘が飛び回って喜ぶのかと思いきや、小さな声で「まだ5歳」と返って来た。

お姉さんになるのはうれしいけれど、まだまだ小さい自分でいたいのだと感じた。娘を抱え上げ、抱っこしながら「5歳のお誕生日おめでとう、娘ちゃんの成長はママの幸せ、ママのところに生まれてきてくれてありがとう」と伝えると、大きな笑顔で「もう5歳」と言ってくれた。


誕生日を迎えた娘に大きくなったら何になりたい？と聞くと「6歳」と変化球で返って来た。6歳になるのが楽しみのようだ。

娘に伝えた「生まれてきてくれてありがとう」。今年、私の誕生日には「生んでくれてありがとう」と母と父に伝えようと思う。

てっぺんまでのぼれたよ！

買い物にレッツゴー!!

子供には何か視えている!?

7月に入り暑さも日に日に増し、一気に夏らしくなってきた。夏といえばやっぱりホラー！　今回はちょっと涼しくなるようなゾッとしたエピソードをご紹介しよう。

皆さんも一度は聞いたことがないだろうか。赤ん坊や子供は何かが視《み》えている。何もない天井を見てニコニコ笑っている赤ん坊は妖精と遊んでいる、子供が楽しそうにお話ししながら遊んでいるのに誰もいない、とか。

私も以前、ママ友からこういう話を聞いたことはあったが、ハイハイと流していた。しかし、我が子を授かり生活する中で、ハイハイでは流せないことが多々出てきた。私自身、ホラー系が大の苦手で、子供の頃からテレビでホラー番組を見ると一人でトイレに行けなくなったり、お風呂で髪を洗う時に目をつむるのが怖くて必死に目を開けていたりした。

最強の〝ビビリ番長〟

松本家ではトップオブザトップで〝ビビリ番長〟を張っていたほどだ。そんな私から生まれた子供たちもしっかりとビビリ番長の血を受け継いでいる。そんな娘とある日、ゾッとする体験をした。

その日は雲が多く、いつもよりどんよりした天気だった。保育園への移動は自転車のため、天気予報を確認するのが日課である。朝ってどうして、こんなにも時間の流れが早いのだろう。早めに起きても、決まって出発間際にバタバタすることが多い。朝は時間の流れが違うのかと疑ってしまう。

子供たちを起こし、ご飯を食べさせ、いつも通りやるべきことをこなしていく。雨が降りそうなのでリュックにカッパを詰め込み保育園に向かった。子供たちを保育園に送ってから電車に乗って職場まで向かうため、保育園の駐輪場に着くと時間を確認するのも日課だ。電車の時間まで残り10分を切ろうとしている。

保育園は建物の5階にあるため、急ぎ足でエレベーターに向かった。近くまで来ると、運良くドアが開いていた。駆け足で子供たちを先に乗せ、私もエレベーターに滑り込んだ。

背後に人の気配

その瞬間、背後に何かを感じた。人の気配のような、何か引っ張られる感覚があり、後ろを振り返るのと同時にドアが「ガシャン」と音を立てて閉まった。あれ？ 気のせいかなと思い、向き直すと、娘が背後を見て固まっている。こわばった表情のまま、ポツリと言い始めた。

「今、ママの後ろに…」。次の言葉がなかなか出てこない。静かに待っていると、「…ううん、なんでもない…」。ゾッとしながらも、平常心を装いながら優しく「今、ママの後ろに何かいた？」と聞くも、保育園のお友達の話になってしまい全く教えてくれなかった。むしろ、この話はしたくなさそうだった。

　そうしている間に、5階に到着し、娘たちは保育園に入っていったのだが、何が私の後ろにいたのだろうか？　確かにあの時、何かの気配と引っ張られる感じがしたのだ。そして、娘は教えてくれなかったが、その何かを視てしまった。

　下りのエレベーターで考えを巡らせて1階に到着した。ドアが開き降りようとすると、真っ正面に落とし物があった。その落とし物は、今朝リュックに入れてきたはずの子供用カッパだった。恐る恐るカッパを手に取ると、我が子の名前が書いてあった。落ちた可能性もあると思いリュックを確認するも、チャックはしっかり閉じられていた。

　その後は、エレベーターに乗っても不思議なことは起こっていない。あれは、いったい何だったのだろうか？　今でも時々、曇りの日になると思い出してしまう。

　子供は、やはり不思議な能力があるのだろうか。私たちには、視えていないものが視えているのかもしれない。

心の言葉に耳を澄ませたい

7月に入ってから娘が癇癪《かんしゃく》を起こすようになった。

些細《ささい》なことで大声で泣き出し、暴れ、一度スイッチが入ったらなかなか戻ってこれない。癇癪が起こる2日前に夏風邪で寝込んでいたため、まだ体調が良くないのかなと軽く考えていた。それから3日経っても、娘は落ち着くことがなく、支離滅裂な言動に、ワガママを言っているだけではないかと思うようになった。

そんな時、保育園の帰りにお菓子を買ってと、また大声で泣き叫んだ。初めは優しく「今日はスーパーでお買い物するものがないからお休みの日に行こうね」、「ママ、お財布忘れたから買い物に行けないよ」などと説得してみるも、「聞く耳もたず」とはこのことかというほど、ひたすら「お菓子」を連呼している。

あわや〝ダブル癇癪〟

タイミング良く、その日は職場の同僚からお土産のクッキー、ちんすこうを頂いた。子どもたちは食べたことがないからきっと喜ぶだろうと思い、ちんすこうを半分に割り、まず娘につられて泣きそうになっている息子に与えると、もぐもぐ食べ出し、娘と息子の〝ダブル癇癪〟はなんとかクリアできた。

ところが…。もう半分のクッキーを娘に差し出すと、「クッキー　イヤー！」と私の手をはたき、クッキーが地面に叩《たた》きつけられた。その瞬間、とうとう私の堪忍袋の緒が切れ、ドスの聞いた低い声で静かに「いいかげんにしろよ」と氷結のような言葉を投下していた。

驚いた娘は目を見開き私を真っすぐ見た。娘と目が合うが、次は私の怒りが収まらない。これ以上言葉を発せば、娘を傷つける言葉をあえて選ぶだろうと思い、口をグッと閉じ、無言で娘を自転車に乗せてこぎ始めた。自転車が進む度に風が頬を撫《な》でていく。私と娘は一言もしゃべらず、無言のまま帰宅した。

柔道では練習前に黙想の時間が設けられることが多い。正座をして目をつむり、無心をつくることで冷静さを保ち、良い判断ができ、必然的に良い練習にもつながる。

子どもの頃から当たり前のようにしていた黙想。あの頃は黙想をしながらその

あふれる思いの背景

まま寝てしまいそうになっていたが、大人になってから無心をつくるこの習慣に何度も助けられている。無言で自転車をこぎながら、無心になれたため、自分を取り戻すことが出来た。

夜ご飯を食べ、娘も落ち着いたところで「さっきは､怖い言葉を使ってごめん」と伝え、娘を抱っこした。ぎゅっと抱きつく娘の力がいつもより強い。何も言わないが、この子の中で最近何かあるんだなと察した。

それからも癇癪は続いたが、その度にとにかく娘を抱っこし続けた。とにかく抱きしめ、あふれる感情を受け止めることしか出来なく、歯がゆい思いでいた。

そこで、仲の良いママ友に相談すると、ママ友は、娘が保育園で奮闘している場に遭遇していた。

その日、いつもより早くお迎えに行ったママ友は、玄関で帰る準備をして座っている娘を見たという。ママ友が「娘ちゃんも今日は、ママの迎え早いの？」と声をかけたが、「うん」と頷《うなず》くだけだったそうだ。先生も気が付いて声かけをしても、お部屋に戻ろうとせず、お迎えの時間までの40分以上、1人で玄関に座って待っていたらしい。

何かと戦った証し

子どもの40分がどれほど長いか。それを考えると爆発したくもなるだろう。子どもが癇癪を起こすのは、その前に何かと戦っていた証しなのかもしれない。

そう思うことで、娘が癇癪を起こしても何か頑張ってきたんだなぁと思いながら抱っこするので、気が断然、楽になった。今では、早く保育園に行きたいと言うほど楽しくやっているようで安心している。

人は口で発する言葉と、心で発する言葉では、圧倒的に心の言葉の方が多いのではないだろうか。特に子どもにとって、言葉にするのが難しいこともあると思う。あふれた言葉より、その背景をみることで、その言葉に隠された真意に近づけるのかもしれない。

小さな勇気、一歩が自信に

7月7日は七夕。笹《ささ》の葉にたくさんの願いごとがぶら下がっていた。

保育園から「願いごとを書いてください」と、娘と息子の短冊2枚を渡された。その日の晩にさっそく取り掛かった。鉛筆を握りしめ、グルグルとダイナミックに書き上げた2歳の息子。「何て書いたの?」と聞くと、満足そうに「$%○#」。何を言っているのかわからないが、一生懸命なので良し! 息子の短冊は完成した。

ちょうどその時、「出来た!」という娘の声。見せてもらうと、成長を感じるものだった。

『ひとりでかいものにいきたい』。テレビの「はじめてのおつかい」に感化され、毎日のように「おつかいに行きたい」と言うようになった。

近所にアイス届ける

娘がどんなおつかいに行けるか作戦をたて、仲良しのご近所さんにアイスを届けることにした。ご近所さんも快く引き受けてくれた。

「明日の18時にアイスがお家に届くから、ご近所さんに届けるおつかい出来るかな?」と聞くと、娘はうれしそうに「行く!」とやる気満々だ。次の日、娘は朝から「アイスまだ?」と言う。「まだだよ」と、このやりとりが何回続くのかと思うほど、娘は楽しみにしていた。

いよいよ夕方。お風呂と夜ご飯を早めに済ませて待っていると、ピンポーンとインターホンが鳴り、娘は大興奮。ところが、アイスを持ち、いざ出発と思いきや、急にグズり出した。ご近所さんにも「娘が今から向かいます」と連絡を入れていたのに…。頑《かたく》なに動こうとしない娘に「ご近所さんが待ってるよ」と説得を試みるも、娘の心は完全に折れていた。

アイスをいったん冷凍庫に移して説得を続けたが、刻々と時間だけが過ぎ、外は真っ暗になってしまった。おつかいは失敗に終わった。

私は娘の言動に心から激怒し、娘に問い続けた。「本当にこれで良いんか? 娘ちゃんがやりたいって言って、自分で決めたことを中途半端にして本当に良いんか? 初めてのこと、やりたい気持ちって何でも少しの勇気がいるんだよ。失敗しても良いから勇気を持ってやってみることが大切なんだよ。それでも出来なかった時はごめんなさい、それだけで良いんだよ。正直言って、口先だけで、

娘の「初めてのおつかい」

ただ泣きわめいてる娘ちゃんは最低だなと思う」

　こう言い残し、その場を離れた。それから、おもちゃで遊んで機嫌が良くなったのか、娘はふざけながら「ごめんちゃああい」と言ってきた。娘なりの頑張りなのだろうが「それがごめんなさいのやり方？」と聞くと「うん」と答えたため、また頭にきて「そうか、それがお前のごめんなさいなんだな」と伝えると、娘は走って逃げていった。

　自分でも厳しいことを言っているのはわかっている。こんなに怒らなくても良いではないか、ここまで追い詰めなくても良いではないか。

　でも、娘には口先だけの人になってほしくない。自分で考えて行動するには、小さな勇気が必要な時がある。その勇気を持ち、失敗しても「ごめんなさい」がしっかり言える人、言葉に魂が宿る人に育ってほしいと願っているのだ。

求め過ぎたのかな…

　泣き疲れて眠る娘を撫《な》でながら、私は「求め過ぎたのかな」と落ち込んで眠りについた。そして朝になって、ご飯を食べていると「昨日はお外が暗くて怖かった。今日は明るいからおつかいに行く」と、娘が私の目を見て伝えてきた。

諦めずにもう一度チャレンジしようと

する娘の姿がうれしくて、すぐに抱きしめたくなった。それをグッと抑え、「わかった、準備しよう」と答えた。

お昼頃、ご近所さんにアイスを届けることが決まった。再びおつかいの時間がやってきた。娘にアイスを持たせると、緊張気味だったが一度こちらを振り向いただけで、後は力強く歩いていった。その足取りには、もう泣き虫の娘の姿はなかった。

おつかいが出来た娘の顔は、照れくさそうながらも自信にあふれていた。帰ってきた娘に「かっこよかったよ。良く頑張ったね」と声を掛け、力いっぱい抱きしめた。

KM
KM
KM
金沢マル

「生活力の向上」楽しもう

健康とはなんだろう。子どもの頃、加賀に住んでいるばぁちゃんが毎度口にする言葉があった。「うまそなほどくお(いっぱい食べなさい)」。ばぁちゃんがご飯を作ってくれて兄妹《きょうだい》みんなで争奪戦のように頬張っていると、よく言われた言葉だ。当時、食が細く食べることが苦手だった私は、ばぁちゃんの優しさに気づけなかった。

アスリートとして励んでいた時期は、体が資本でパフォーマンスの向上や怪我《けが》をしない体作りが基本だった。動ける体があってこそのアスリートであり、そのため、健康というものを特別意識したことはなかった。

親になって初めて、健康で元気にいられることが、どれだけ大切で幸せなことかと知った。

世間では発熱が急増し発熱外来が逼迫《ひっぱく》している昨今。その影響を受け、7月から8月の現在まで娘は2回、息子は3回も発熱を繰り返している。この1カ月間、旦那と交代しながら看病に追われている。

発熱の「負の連鎖」続く

娘が初めに発熱で寝込み、やっと元気になったと思ったら次は息子にうつった。なんとか2人とも復活し保育園に登園するが、またもや違う菌をもらってきて再び娘が寝込み、続けて息子も…という負の連鎖。

発熱が出ても普段ならいつも通り対応していけるのだが、今回はいつもと状況が違った。

子どもたちを病院に連れて行きたくても予約が取れず、電話すらつながらな

かった。かかりつけの小児科が2つとも
しばらくお休みとのこと、その他の5つ
の病院に連絡するが、どこも予約が取れ
なかった。
幸い、以前の解熱剤がたくさん残って
いたので、熱が上がりしんどそうな時は
薬を飲ませることが出来た。とは言え、
一時は39・8度まで熱が上がり、ぐった
りと寝続ける息子を見て不安と焦りが
押し寄せてきた。病院にかかれないと、
こんなにも不安で心細いものかと痛感し
た。しかし、嘆いても仕方がないので旦
那と看病について話し合いをすることに
した。
子どもたちは、発熱はあるものの水分
は取れており、排尿も出来ている。痙攣《けいれん》
など、その他に異常がみられる場合や、
排尿や水分摂取が困難な場合は直ちに病
院に駆け込むことにして家族で乗り越え
るということで方向性を定めた。親の私
たちに出来ることは、子どもの免疫力を
信じるしかなかった。
娘が2歳の頃、川崎病で入院したこと
があった。病院では溶連菌と診断された
が、いつもと違う娘の様子に再度病院を
受診してみると川崎病だと分かり、即入
院となった。管がつながれている娘を見
て、私は涙があふれていた。川崎病の治
療法は確立されていたため、薬の投与が
始まってから日に日に回復してくれた。

今では経過観察も良好で、問題なく過ごせている。

高熱と戦った息子も夕方には落ち着き、3日後にはいつもの日常に戻ることが出来た。これほど長い間、交互に熱が続く子どもたちと濃厚に接していたにもかかわらず、旦那も私も症状は一つも出ず元気で看病できたことが救いだった。

「健康オタク」だったが…

今までも体に気を遣う生活をしていたため、自分では自分を「健康オタク」だと思っていた。酸化、糖化させない体作りをし、極力、体を冷やさないぐらいはしていたが、免疫力まで注目していなかった。

コロナも含め、こんな時代になることを誰が想像出来たであろうか。

子どもたちの免疫力を信じるには、そのための「生活力」も必要なのだろう。生活力の向上だ！ といってもすぐに大きく変わることではないが、意識するだけでも違ってくる。私もレトルトカレーに野菜をトッピングしたり、平日は子どもと一緒に夜10時には寝るなど些細《ささい》なことだが、取り組んでいる。

スポーツは積み重ねが大事だが、健康も同じように感じる。親となった今は、健康への積み重ねを楽しんでいこうと思う。

子供が走り回る地域は元気

「子供が元気に走り回ると地域は元気になる」

この言葉は、ある保育園の園長先生が教えてくれた。ありふれた言葉かもしれないが、とても素敵《すてき》で核心を突いたものだと感じた。

8月は各地が豪雨に見舞われた。ニュースで小松市の梯《かけはし》川が氾濫したとの情報に接して不安になり、石川県にいる家族や友人たちが心配でたまらなかった。急いで携帯を手に取り次々と安否確認の連絡をしていると、小松市出身の友達から1枚の写真が送られてきた。そこに写っていたものは目を疑うものだった。家が水に漬かって、川の中に家があるような光景だった。

中川真依さんからの写真

その写真を送ってくれたのが、オリンピアン仲間で飛び込み競技の中川真依さんだ。中学時代からの付き合いで、今は良きママ友でもある。

携帯を握り締め、一体私に何が出来るだろうと考えた。幼い子供を何日もおいて家を空けることは出来ない。だとしたら私に出来ることはあるのだろうか…。ご承知の通り、私の脳みそは優秀ではないため、考えても答えは出なかった。

中川さんに「何か出来ることがあったら遠慮せず連絡して」と話すと、中川さんは小松市に問い合わせてみると言ってくれた。

それからまもなく連絡があり、被災した三つの保育園で子供たちと遊んで元気づけてほしいとのことだった。中川さんの声掛けで、同じく小松市出身のオリンピアン仲間でトランポリン競技の岸彩乃さんも駆けつけてくれた。皆、競技は違えど、ふるさとである石川県を想《おも》う気持ちは同じだ。

2人と会うのは久しぶりだが、顔を合わせると昨日も一緒にいたようなフランクさが漂う。言葉にしなくてもなぜか通じ合ってしまうのは、アスリートの特権なのだろう。

1日目は河田保育園、あおば保育園を訪問し、子供たちと走り回ってドッジボールなどをして遊んだ。終わりに子供たちが踊りを披露してくれ、一生懸命に踊っている姿は私を含めその場の大人たち全員を笑顔で包み込んだ。その晩、小松市内にある中川さんのご実家にお邪魔させてもらい、ずうずうしくも泊まらせてもらった。私はそこでひどく感銘を受けた。

そこには昔からの文化が根付いており、何世帯も続く家々に、人々と地域のつながりが残っていた。その光景は温かく、安心感があった。

お互いを想いあう

朝のジョギングをしていると、おばあちゃんが赤ちゃんを抱っこしてあやしていたり、お散歩しているおじいさんがすれ違いざまにあいさつしてくれる。そしてご近所の方が気軽に話しかけてくれ、会話の中でも「真依は帰っとるんか？」と聞かれる。お互いを想いあう地域のつながりがあるのだと実感した。

2日目は、中海こども園を訪問し、子供たちと尻尾取りゲームをしたりして遊んだ。そこでもやはり子供たちの元気があふれ、笑顔が全開だった。尻尾を取られて悔しくて泣いた子も、メダルを首にかけると笑顔を取り戻してくれた。

「子供ってすごいパワーだなぁぁ」と思っていると、園長が優しいまなざしで話してくれた。「この地域は子供をすごく大切にしている。だから子供が元気に走り回ると、地域も元気になる」。冒頭に紹介したこの言葉に勝るものはないと思った。

古くさいかもしれないが、核家族が増え、つながりづらい現代だからこそ、育児の孤独、高齢者の孤独などあらゆる問題が発生しているのだろう。昔と形は違えど、つながり合うからこそ、子供から笑顔が連鎖していくのだろう。

偉そうなことを言っているが、まだまだ人生の若輩者の私にはどうしたらよいか分からないのが現実だ。だけど、目を背けず考え続けていこうと思う。その前に、帰ったらパパとお留守番を頑張ってくれた我が子を思いっきり抱きしめたい。

弱さ認め「助けて」と言う勇気を

強いってなんだろうか？　年齢を重ねるごとに「強い」の定義が変化している。子どもの頃は、ドラゴンボールの孫悟空のような圧倒的な強さに惹《ひ》かれ、思春期には人と比べない自分をもつことに憧れ、アスリート時代は我が道を突き進む絶対的な強さを欲していた。

自分の成長とともに、少しずつ変化しているが、一貫しているのは、どの時代も強くあり続けようとしていることだ。

そんな私が、我が子を授かり、子どもたちと過ごしていく中で「強い」という定義が180度変化した。

子どもを授かるまでの私は、弱さを人に見せることが嫌で、どんな時も「大丈夫」と笑顔で返すことが癖《くせ》になっていた。その結果、無理してけがをし、発熱で寝込むことが度々あった。

子育ては24時間年中無休。何よりも想定外の出来事が日常茶飯事、こんな状況で何度も寝込んでいられない。それを一人目の子育てで痛感し、ご近所さんやママ友、親戚など頼れるところには頼り、助けを求めるようになった。

イライラで空気が悪く

　何か特別なことをしたわけではないが、ただ疲れた時に疲れたと言い、しんどい時にはしんどいと伝える。当たり前のことのように感じるが、私にとっては難しく、つい強がってしまう。どんなにしんどくても、時間に追われるように家事育児をこなそうとする。すると徐々にストレスを感じイライラしやすくなり、私がイライラすると家の中の空気が悪くなった。

　頑張れば頑張るほど悪循環。イライラしている自分、余裕のない自分はどこからやってくるのか？　自分自身に問いただすと、一つの答えにたどり着いた。導かれた答えは「助けて」と伝えること。家事が嫌いなわけではなかった。子どもはもちろん愛《いと》おしい。私に足りなかったのは「人に助けてもらう勇気」。人に助けを求めるには、自分の弱さを認めることが大切だった。

　大切なことに気づけてからは、たくさんの人に支えられ、二人目の息子が生まれても、仕事も育児も楽しくやらせてもらっている。

　普段の家事育児の夫婦の割合は、私が8に対して旦那が2。私が時短勤務のため、必然的に私の方が多くなる。

　少し前のことだが、私の仕事が忙しく、

旦那が時短勤務で8の家事をやる日が何度も続いた。帰宅すると、イライラした旦那の姿。普段なら怒られない、ちょっとしたことで怒られる子どもたち。その場の空気が悪く、伝染するように子どもたちも機嫌が悪くなった。

これはヤバイと思い「今日疲れてるね、家事代わるよ」と旦那に伝えるも、「大丈夫ですよ〜」と返ってくるだけ。その日は結局、全く大丈夫ではなく旦那はイライラしたまま、子どもたちも泣き疲れて眠りについた。まるで以前の自分を見ているようだった。

だけど、自分で気づかないと変わらないと思い、しばらく見守った。1カ月たち、相変わらず旦那は「大丈夫」と言うだけでイライラしていた。そして先に異変が起きたのは私の方だった。

仕事で帰りが遅くなり急いで帰路に就いていたある日。ふっと、「旦那はイライラしてるんだろうな」と思うと家に帰るのが億劫《おっくう》に感じた。一瞬でも家に帰りたくないと思ってしまったことに、もう見守るのは限界だと思った。その晩、旦那と話し合うことにした。

ボロ出る強がりの「大丈夫」

強いってなんだと思う？　強さとは、自分の弱さを受け止めて助けてと言えることなんじゃないかなぁ。強がりの「大丈夫」はすぐにボロが出る、親がイライラしていると子どもにも伝染していくんだよ。だからこそ、親である私たちが笑顔でいられるように、もっと支え合っていきたい。だから、あなたを助けさせてほしい。と伝えると、旦那はいつもの優しい顔に戻ってくれた。

そうだ、旦那は頑張り屋さんで負けず嫌いだ、だからこそ一緒に助け合いながら歩まなければならなかった。

それから、すぐに変わることはできないが、少しずつ変わってきている。旦那が疲れている時は、家事を交代し、私がしんどい時は温泉に誘ってくれる。疲れた時は、2人で「疲れたぁぁ」と言いながらお酒を酌み交わし、やっと本当の夫婦になれた気がする。

もしかしたら、今までお互い強がっていたのかもしれない。私も旦那に弱さを見せようとしなかった。時を経て2人の子どもを授かり、今やっと、夫婦として強く結ばれている気がする。

「道」作ればトイレと友達に

息子がオムツ卒業

2歳の息子がついにオムツを卒業しましたぁぁ。オムツごときに何を騒いでるんだと言われそうだが、たかがオムツされどオムツなんです。

オムツ卒業は、家計にも育児にも大変助かる。オムツ1セットの相場が1300円前後。オムツ1枚約16円、1日の使用量を5枚とすると80円、1カ月だと2400円、1年で2万9200円。さらにオムツのお供といえばお尻拭き。コイツだけはオムツと切っても切れない関係だ。

お尻以外にも、お世話になることが多く、食事中にお顔やお手ての汚れにも大活躍。お尻拭きとは名ばかりで、どこでも何でもサッと拭けて、保湿性もあり肌荒れの心配はご無用。通販番組のようなテンションになってしまったので、話を戻そう。

お尻拭きも入れると年間3万円は確実に超える出費だ。そして、何よりオムツの交換にとられる時間や、便をした時にどちらがオムツを換えるかの旦那との駆け引き、お出かけの荷物が劇的に減るなどなど、嬉《うれ》しいことづくしなのだ。オムツなどの出費は習い事へ移行するだろう。

オムツ換えに費やしていた時間は家事のはかどりへとチェンジしていく。

腹3分目トレーニング

息子のオムツ卒業は突然やってきた。2021年12月に2歳になったきっかけで、ちょこちょこトイレに誘ってみた。初めは座ろうともしなかったが、お風呂で服を脱いだ時だけ座ってみるなど少しずつ慣らしていった。息子はトイレが怖くないと分かると、便器に座れるように。慣れてきて何回かは用を足せるようになったので、パンツをはかせると便以外はトイレでしてくれるようになった。

息子がオムツ卒業

ここまで来るのに8カ月もかかったが、トイレに行く時があれば行かない時もあって、私は「トイレに行けたらラッキー」ぐらいの気持ちで、ゆる〜くトイレトレーニングをやってきた。名付けて〝腹3分目トイレトレーニング〟である。

保育園にパンツをはいて行けるようになったある日のこと、「松本さん、息子君おトイレが上手になりましたね。今はいてる、パンツはお姉ちゃんのですかね…？」。笑いをこらえながら話す先生。

「よく分かりましたね、サイズがピッタリでした」と答えると居合わせたママさんが思わず吹き出した。

「えっ何？ 何？」と困惑していると、すかさずママさんが「小さい男の子用のパンツがあるんだよ」と教えてくれた。衝撃と同時に「息子よ、小っちゃいリボンがついたパンツをはかせてて、すまなかった」と思った。

私が子どもの頃、いつも弟と一緒に遊んでいたが、弟のパンツはブリーフだった。ブリーフの真ん中の隙間はほとんど使わないと言っていたので、真ん中の部分はデザインなんだと思っていた。

「マジかぁ」と心の声がそのまま声に出たようで、先生も笑っていた。みんな優しく、確かにはけるからね〜とフォローしてくれて、先生も「いつでもいいので息子君用に準備してみても良いかもしれませんね」と言ってくれ、私はその日の帰り道に買いに行った。

おパンツゲットで急成長

お店の下着コーナーに行くと、恐竜や車、動物などいろんな絵柄がありサイズも小さくて可愛く、見ていて楽しかった。悩んだ末、４枚セットを購入すると、息子は嬉しそうにパンツを抱えてくれた。不思議なことに新しいおパンツをゲットしてから、息子がさらなる急成長を遂げた。

便だけはどうしてもオムツでしか出来なかった息子が、新しいおパンツをはいてからは急にオムツを拒否し、全てトイレで出来るようになった。次の日もその次の日もしっかりトイレで排泄《はいせつ》が出来、オムツ卒業は突然やってきた。

新しいおパンツはすごく嬉しかったようで、保育園でも先生に見せていたらしい。子どものやる気スイッチって本当に不思議だ。今回は、子どものやる気スイッチではなく、親の「道作り」なのだろうか。その道を作るか作らないかで子どものやる気が変わってくる。

我が子の成長は嬉しく幸せなことだが、オムツをはいたプリっとした姿がもう見れないと思うと、オムツ時代が愛《いと》おしく感じる。過去も愛おしく感じられるように、今日も頑張るかな。

スポーツ最高！

自然のエネルギーチャージ!!

涙のぶんだけ想《おも》いがある

9月の終わりに金沢市の石川県立武道館、略して「県武」で小学生の柔道大会が行われ、私も観戦した。5人制の団体戦、男女混合で競い、私も小学生の頃に出たことがある思い出深い大会だ。

中学生に上がると、男女別に加え階級に分かれて試合をするようになるため、男子と一緒の試合は小学生までで、貴重な時期だ。子どもたちの真剣な眼差《まなざ》しを見ながら、ふっと昔のことを思い出した。

子どもの頃、休みなく毎日道場に足を運び、稽古に励んでいた。土日は他県に遠征に行ったり、時には試合をしたりと柔道漬けの日々を過ごしていたため、学校の友達と一度も遊んだことがない。下校時にみんなが遊ぶ約束をしているのをいつもうらやましそうに見ながら、速足で家に帰って柔道の準備をする生活。

あだ名は「小枝」

だからといって柔道の才能が特別あっ

たわけでもなく、体が小さく食も細かったため、付いたあだ名は…小枝。小枝だった私がこの大会の団体戦で大活躍したわけでもなく「引き分け要員」として戦っていた。私自身、大きな相手に勝てるなんて思えず、引き分けるだけで精いっぱいだった。

　そんな中でも試合で負ければ一丁前に涙が出るのだが、何で泣いてるんだろう?と子どもながらに不思議に感じていた。一生懸命、強くなるために練習していたわけではなく、ただなんとなく柔道という習い事をやっていて、兄や姉についていくスタンスだったので、どうして涙が次から次へあふれ出るのか分からなかった。

　勝ったことよりも負けた方がはるかに多く、その度に涙を流していた。この頃は、まさか大人になった自分が世界を渡り歩くことになるなんて夢にも思っていなかったが、涙の数だけ強くなれたんだと今になって実感する。柔道大会で子どもたちの頑張る姿を見ていると、うまくいかなくて泣きながら試合をしている子、負けてしまって泣いている子ら、たくさんの涙が今回もあった。

　勝負の世界は、必ず勝者と敗者に分かれる。私の場合、子どもの頃の涙は、悔しさよりも安堵《あんど》感からだった気がする。悔しいと思えるようになったのは、柔道と向き合い、勝ちたいと思うようになった中学、高校生ぐらいからだ。

　大の緊張しいだった私は、試合前に毎回、緊張でお腹《なか》を下し、手足は冷えきり、毎回心臓が飛び出るぐらいバクバクしていた。大人になるにつれて徐々に緊張との付き合い方が分かってきたが、子どもの頃はそれが分からず緊張と不安との戦いで精いっぱい。

「隕石落ちて」と願う

早く緊張から解き放たれたくて「隕石《いんせき》

が会場に落ちて試合がなくなりますように」と願っていたぐらいだ。そして、試合で負けて一気に緊張から解放され、張り詰めていたいろんな感情が爆発して涙がポロポロとあふれ出す。だけど、そんなことはお構いなしに掛けられる言葉は、「泣くぐらい悔しいならもっと真剣に練習だ」「この悔しさを忘れないで練習することだ」などが多いように思う。

どの言葉も間違っていないが、子どもの成長のように涙にもいろんな色があっていいのではないだろうか。悔し涙、うれし涙、つられ涙、安堵の涙。涙のぶんだけ感じるものがあり、想《おも》いがあり、それほどの経験が出来た。私には負けて涙を流す子は、勝って喜んでいる子と同じぐらい輝いて見えた。

言葉にするのは難しいが、感じてほしい。畳をする足音、体がぶつかり合う音を、相手がいる喜び、呼吸を、鼓動を、全てを感じてほしい。勝ち負け以上に素晴らしいものがそこには詰まっている。

観客席に目を向けると、子どもたちの戦いを見ていた2歳の息子に気づいた。この子もいつか、畳でいろんなことを感じられる日が来るといいな。そんな思いをそっと胸に秘めて、マスクの下で小さく微笑《ほほえ》んだ。

夢中で励む姿はアスリート

子どもには真ん中がないのだろうか。遊びも泣く時も常に全力である。遊びちぎり、泣きちぎり。スイッチが切れたかのようにどこでも眠りちぎる。真ん中がなく、「ちぎり」の天才で、いつも振り切って生きている。

そんなパワフルな子どもたちと真逆なのが、私たち大人かもしれない。子どもと一緒に遊んでいる時も、いつも余力を残し行動している。大人への成長とともに加減を少しずつ習得していく。物を壊さない力加減、怒られない加減など、「ちょうどいい加減」を見つけ出す。

「ちぎり」と「加減」

私たちの世界は、ほぼ加減によって成り立っている。なぜほぼなのかというと、アスリートもちぎりと、近いところがあるように感じたからだ。子どもの頃は夢中で遊んでいたように、競技に対して全

力で考え、全力で練習し、全力で悩みながらも、さらなる向上を目指して励んでいく姿勢は「ちぎり」に他ならない。
　うまくいかないと涙が流れ、勝てた、できた時は全力で喜びをかみしめる。全身全霊をかけて戦う姿は、まさに〝ちぎりのレジェンド〟のようだ。
　と思ったのも、2歳の息子が絶賛イヤイヤ期、まっただ中だからだ。近年は少なくなってしまった飲み会だが、ファーストドリンクは「取りあえず生で」が合言葉だったように2歳児の合言葉は取りあえず「イヤ」。

息子が絶賛イヤイヤ期

朝からイヤイヤの祝杯をあげ、起きることから、お着替え、歯磨き、トイレなどいたるところでイヤの洗礼を受ける。おやつの時だけは、しばしの休戦で穏やかに過ごすが、食べ終わった途端、これまたハイペースでイヤイヤドリンクが注がれる。夕方にはイヤイヤの飲み過ぎで、ふらふらしながらも何とか冷蔵庫に隠してあるチョコでこっそりチャージし、ギリギリ理性を保っている。

娘の時よりもはっきりと、イヤイヤしてくれるので何がやりたいのか、わかりやすいがまだまだうまくいかない時が多い。うまくできないことにグズりだす息子に、長女女神が降臨。お姉ちゃんが手伝いに入ると嬉《うれ》しそうに笑顔を取り戻し、機嫌がよくなる。毎度娘には何度も助けられて癒やされている。

子どもと過ごす日々でパッと目を引く瞬間は、いつも夢中で何かをやっている時だ。手がかかるイヤイヤ期だが、息子のイヤイヤの中の、自分でやりたい、成し遂げたい願望はまさにアスリート。靴を履く動作一つにしても、自分のやるべきことを見つけ(靴を履く)、自分でやり遂げたい、だけどまだまだ技術不足でうまくできない。それで、やり遂げたくイヤイヤと泣きそうになりながらも励む。

ついにできた（靴が履けた）、満面の笑みで喜ぶ。

繰り返して工夫重ねる

私が教えた靴の履き方ではなく、自分で見つけた靴の履き方だ。自分でつかみとったものは、絶対に忘れることなく自分のものになる。アスリートも自分の戦い方を見つけるために、何度も何度も繰り返し、繰り返しの中で工夫を重ね、自分のものにしていく。

同じなんだ、年齢は関係なく同じなんだ。2歳という年齢はとても幼く、手を出したくなるが、同じことのように感じられるようになってからは、イヤイヤドリンクを頂くのも悪くない。

未熟な私には、全て付き合うことはできないが、できる範囲で見守っていこうと思う。

スポーツも中途半端より、振り切って一生懸命な姿に、胸が熱くなり感動する。いつだって、心に残るものは夢中で励んでいる姿なのだ。

だからと言って、また、「ちぎり」の世界に行きたいわけではない、今一番大切なものは家族だからだ。でも、たまには子どもと一緒に公園を駆け回って、遊びちぎっても良いのかもしれない。

地元愛増し、金沢が誇らしく

6年ぶりの金沢マラソン

金沢マラソンとのつながりは6年前のこと。2016年の夏、リオ五輪で2連覇を目指すも結果は銅メダル。現実がまだ受け入れられずにいた頃、金沢にいる姉から金沢マラソンの話を聞き、あまりにも楽しそうに話すので素直に興味がわいた。

42キロってどんな世界なんだろう？　しんどいかな？　楽しいかな？　私のモヤモヤしている気持ちは42キロ走ったら少しは晴れるかなという思いが始まりだった。いろんなご縁があり、金沢で走ることが決まってから走り込みが始まった。

何とかなる精神

本番まで残り2カ月、普段からランニングトレーニングはしていたが長くても10キロしか走ったことがなく、とにかく長い距離に慣れる練習から始めた。少しずつ距離を伸ばし、25キロまでは走れるようになり、後は何とかなる精神で挑んだ。

練習をする中で心にも変化が起きた。初めはただ無心で走るのみだったが、走ることにもリズムがあり自分のリズムを刻むのが楽しくなった。なぜか懐かしく、ふわふわした感覚だ。子どもの頃、走るのが大好きで校庭を夢中で走り回った。味噌蔵町小学校(現在の兼六小学校)ではマラソン大会の前に、昼休みの時間はみんなで校庭をグルグルと走る期間がある。友達がため息をつきながら、一緒にゆっくり走ろうと誘っても、私は「思いっきり走りたいからごめん」と断るぐらい走るのが好きで、走ることに夢中だった。

今も変わらないなと思いながらも、意外と走っている時の方が考えがまとまり、

6年ぶりの金沢マラソン

ポジティブになれる自分がいた。本番ではたくさんの方が応援してくれ、楽しく30キロまで走れたが、そこを過ぎてからガクンと足が動かなくなり沿道の声も耳に入らなくなった。そんな時、ボランティアの方から渡されたジュースが本当に美味《おい》しく、今でも味を覚えている。

なんとかフルを走り切り、人生で初めて「足が棒になる」ことを経験した。次の日も歩くのが精いっぱいで「怪我《けが》並み」だったが金沢マラソンのおかげで、リオの悔しさから立ち直ることができた。

そして6年の時を経て2022年、ハーフではあるものの金沢マラソンに戻ってきた。そこには以前とは全く違う景色が広がっていた。6年の月日の中で、柔道を引退し、子どもを2人授かり過ごす中で、応援のありがたさを感じ、途切れることなくボランティアの方々がサポートしてくれ、ランナーの皆さんも「金沢マラソン最高」と言ってくれるたびに地元愛が増し、誇らしく思う自分がいた。

前半、母校の兼六中や小学校の前を通り、実家付近ではご近所さんも応援してくれて胸が熱くなった。何よりも一番うれしかったのは、旦那が子どもを連れて応援してくれていたことだ。わが子を見つけただけで自然と名前を呼んでいて、見えなくなるまで手を振り続けた。最強の栄養ドリンクだった。

わが子も応援、走り終え

無事に走り終え、ゴール地点でランナーの応援をしていると、足を引きずりながらもゴールへ向かう人、最後の力を振り絞って走る人、笑顔でガッツポーズする人、涙を流してゴールする人……さまざまな姿があった。ランナー1万2千人分のたくさんの思いが、この金沢に集まった。ゲストの野口みずきさんや福士加代子さんをはじめ、ペースランナーをした皆さんも口をそろえて「金沢マラソンは本当にいいね」と言ってくれた。多くのランナーの方から、「来年も出たい」との声を聞いた。

山野前金沢市長が「スポーツは文化だ」と言っていたが、2016年の私には意味がわからなかった。私にとっては「スポーツは戦い」。強い者が勝ち、弱ければ負ける。6年もかかったが、「スポーツは文化だ」の意味が少しわかった気がする。

42キロのコースは市民の生活圏が入っているため交通規制がかかる。それでも沿道で応援してくれる姿にバカな私でも胸が熱くなる。金沢マラソンがランナーから愛されるのは、地域の方々がいてこそなんだ。マラソンが終わり実家に帰ると、2歳の息子が「ママ走ってたね」と笑顔で言ってくれ、覚醒したかのように家の中を走り回っていた。

リアル求め進化する「子野獣」

昔から愛されている遊びが我が子の間でもブームになっている。多くの方が小さい頃、一度は、やったことがある遊び。その名も、おままごとごっこ。単なるおままごとではない、我が家ではリアル柔道ごっこが絶大なブームなのだ。

娘を授かってからもママアスリートを目指し競技を続けていたため、娘にとっての柔道は身近なものだった。練習中は道場の隅っこでコロコロと遊ばせ、練習後はみんなに抱っこしてもらい可愛《かわい》がられていた。

息子は引退してから授かったが、柔道教室などに一緒に連れていき、息子もまた道場の隅っこでよく遊ばせていた。なんだか、「すみっコぐらし」みたいでたまらなく可愛い…おっと！親バカはこの辺にして、そんなこんなで、コロナが始まり、外出を控える日々が急にやってきた。

いきなり技仕掛け

体力が有り余った娘が暴れ出してきた

ので、お家で柔道っぽいことをしたら少しはストレスも発散できるのではないかと思い、「お家柔道《うち》」をやってみた。
　マットを敷いて、遊びを通して頭の守り方、簡単な受け身などを教えた。そこで驚いたことに、柔道の技は教えたことがないはずなのに、娘がいきなり技をかけてきた。初めの技は大内刈り、さらに大外刈りと二つの技を立て続けに仕掛けてきた。二つとも私がいつもかけていた技で、まるで小さい自分を見ているようで不思議な気分だったが、めちゃくちゃ嬉《うれ》しかった。
　ママアスリートとして励んでいた頃、練習中に娘がグズリだし、ここからって時に中断せざるを得ないことが日常で大変だったが、娘はちゃんと見ていてくれたんだと思うと胸が熱くなった。そしてまたまた親バカが大爆発。もしかして天才なの!?うちの子、ものすごい才能あるんじゃないの！と一瞬盲目になりかけたのだが、落ち着いてアスリート目線で娘の動きを見てみると…うん！やっぱり私そっくりで、動きに体がついてきていない、繋《つな》がっていなかった。

私自身、決して天才ではなかったからだ。はぁぁぁなんか逆に良かったたぁぁぁ。変に期待して押し付けてしまうほうがつらいかもしれない。娘には娘のやりたいことをやって、成長してほしいなと思い、親バカから現実に戻ってこられた。お家柔道を始めた頃は、息子はまだ赤ちゃんだったので、見ているだけだったが、まもなく3歳になる今では立派に娘に「お願いします」と礼をして勝負を挑んでいる。

私的には、子どもたちが楽しく体を動かせたら良いぐらいにしか考えていなかったが、子どもたちはリアルさを求め、リアルおままごとのように進化していった。柔道教室や映像を通して娘と息子の中の柔道が上書きされ、独特の進化を遂げている。

怖い顔と負けシーン

ある日いつものように、お家柔道を

やっていると、「ママニコニコしちゃダメ、怖い顔しなきゃダメでしょ」と注意されたのだ。娘は真面目に怖い？のか怖そうな顔をして睨《にら》んでくるのだが、吹き出さずにはいられない。娘の中では、柔道＝怖い顔に上書きされてしまったようで、これは完全に〝元野獣〟の私の責任だ。

追い打ちをかけるように、息子が何だか奇妙な動きをしている。へっぴり腰でおぼつかない足取り。案の定、簡単に投げられてしまうのだが、なぜか投げられてから立つまでの動作が異常に早い。まさか、これは、私が試合で…負けたシーンの動き…。

どうやら、投げられてから、立つまでの動きを気に入ってしまったらしい。息子よ、なぜそのシーンなんだ！　もっと他にもあっただろうに、なぜそこなんだ！　相手を投げるとか、ガッツポーズとか、100歩譲って怖い顔とかあっただろ！　と心の中で叫びまくった。

「怖い顔で睨み続ける娘VS一刻も早く投げられていかに早く立てるかを極めた い息子」の戦いを見守る複雑な母。独自に進化を遂げている松本家の柔道、最近ではお家柔道ではなく柔道ごっこと呼んでいるが、今後どのように発展していくか、楽しみである。

12月は「小寒い」の戦い

勝負を分ける四つの極意

2022年の最後の月、12月がついにやってきた。12月といえば、とにかくイベントだらけで出費がかさむ。我が家では、3日が誕生日の息子から始まり、クリスマスにお正月にと、3大イベントがめじろ押しなのだ。

イベントが続けばその分、出費も多く懐が小寒い。「こざむい」。寒いじゃないの?と気づいた方もいると思うが、我が家では何とか「小寒い」になるようにやりくりしている。5人兄妹《きょうだい》の7人家族でわいわいと育ったおかげで、〝おケチ精神〟が自然と培われ、12月はそのおケチパワーが開眼される。

ママ将軍の〝ケチ精神〟

節約はまさに戦国の如《ごと》く、ママ将軍の緻密《ちみつ》かつ大胆な戦略が密《ひそ》かに繰り広げられている。名付けて「小寒いにとどめろ」の合戦。この戦《いくさ》の勝敗は四つの極意が決め手となっている。

その①、「寒ければ動いてしまえ子ど

もたち」

電気代が値上がりする一方で、寒さが身にこたえつつあるのが12月。電気代を浮かせるため、我が家ではエアコンではなく、ホットカーペットを使用。エアコン1時間使用で約12・6円、1日8時間使用で100・8円、1カ月で3024円のところ、ホットカーペットの場合は1時間6・5円、1カ月1581円で、およそ半分の料金で過ごすことが出来る。

しかし、我が家ではホットカーペットすらめったに稼働させない。なぜならば、極意の「動いてしまえ」を発動させ、折り畳み式のソファーをフラットに倒し飛び回れるコーナーにして、床にはマットを敷き、転がり放題。追い打ちに子どもたちの好きな音楽を流し、動き回れるようにする。子どもたちは体を動かせて、夜はすんなり眠りにつくのでオススメだ。

その②、「献立はモヤシとこんにゃくが救世主」

食費を抑えることも重要ポイントだ。そこで役立つのがモヤシだ。1袋30円ほどのモヤシはスープに、炒め物などハンバーグにも入れることが出来る。かさ増しには、打って付けの食材。さらに、イベントで摂《と》り過ぎた脂質やカロリーをこんにゃくでカットする。

我が家の焼きそばは1人前の麺《めん》に対しシラタキを1袋入れて糖質カット。かつ、かさ増しさせている。業務スーパーやドラッグストアでは、うどんやそばが19円で売っている時がある。世のママパパ将軍の強い味方だ。

その③、「ポイントはこの時のためにある」

食費以外にも意外とかかるのが、雑費だ。我が家ではトイレットペーパーや洗剤などの消耗品は重くかさばるため、普段からネットで購入している。ポイントセールを大活用し、ポイントを貯《た》めている。お買い物の支払いもペイ系を使用しさらにポイントアップ。

実は息子の誕生日プレゼントは「ポイント様」で購入し、その他もポイントで賄っている。日々の何気ない日常だが、コツコツと塵《ちり》も積もれば山となるで、ポイントが助けてくれる。

我慢ありきはダメ

その④、「全て楽しむ」

今までの極意を全て楽しむことが、この戦の勝敗を分ける。我慢ありきのやり方ではいつか爆発し、長続きしないだろう。こんにゃくもモヤシも子どもたちが大好きで、スーパーに行くとモヤシ係とこんにゃく係に分かれて持ってきてくれる。寒さ対策も子どもたちの遊びの延長に過ぎない。一緒に遊んでくれるのも今だけ。今だけの特権を堪能している。

この戦の行方はいかに。

12月の走り出しは順調だが、今現在、大きな壁が立ちはだかっている。娘がサンタさんにお願いしているおもちゃが…高い。すみっコぐらしの虜《とりこ》になっている娘にサンタさんは頭を悩ませているのだ。

果たして、小寒いにとどめることが出来るのか! 今日もママ将軍は頭を悩ませながらも戦い続けている。

全てにありがとぉぉ!!

今年の「忘れ物」探し

2022年も残りわずかとなった。毎年この時期になると今年のやり残したことはないかと探している。不思議と〝宝探し〟をしているようなワクワクした気持ちで今年の忘れ物を探している。

1月にこの「野獣の子育て」が始まった。どこでそんな話になったのか、今となれば覚えていないが、北國新聞さんから「子育てのエッセーを書いてみませんか」と提案された。その時、衝撃と動揺で感情が激しく正面衝突し、一瞬フリーズしたのだけは覚えている。脳内で〝小さい野獣〟2人が死闘を繰り広げていた。

衝撃と動揺が「死闘」

衝撃野獣 私自身、子育ての悩みについて、エッセーやコラムを読んで助けられたことがあった。共感し合えることで救われ、私だけじゃないんだと気づかせてくれた。次は私の経験が誰かの役に立てば嬉《うれ》しい、やってみたい！

動揺野獣　待て待て！正気か！国語の成績、子供の頃からめっちゃ悪かっただろ。読書感想文はいつも絵本を読んで提出してしまうぐらいだぞ。バカがバレるだけだからやめとけって。

衝撃野獣　でもさ〜だからこそごまかす技術もないわけだから、正面から今を伝えることが出来るんじゃないかな。今を生きることとのその中に隠れているものは、意外と言葉にならないものが多い。それをあえて真正面から言葉にしてみるんだよ。

動揺野獣　……バカやろぅ、勝手にやりやがれ。

こうして、「野獣の子育て」が始まった。

初回は絶対に書きたいものがあった。完璧主義を捨てる内容だ。完璧じゃない自分を許すことに一番葛藤したからだ。育児を経験された先輩方がみたらどう思うのか、正直不安ではあったが、一心不乱に書きつづった。

エッセーが北國新聞に掲載され、「たくさんの方から反響があったよ」とすぐに連絡があった。嬉しかった、本当に嬉しかった。エッセーを読んでいただいた方

今年の「忘れ物」探し

からの投稿に感激した。投稿文を拝読すると、初めの自分の不安がどれだけちっぽけなものだったかを気づかされた。

「読んでるよ」嬉しく

そこには、優しさと共感の声などがつづられ、言葉の一つ一つが私を包み込んでくれた。今では金沢に帰るたびに、たくさんの方から『野獣の子育て』を読んでるよ」と声を掛けてもらっている。

そんな時、この方々と私をつなげてくれたのは、北國新聞のエッセーなんだなと思うと感慨深い。この1年の連載を振り返りながら、今年の〃落とし物〃が見つかった。宝探しの宝物みたいに。「野獣のエッセーを見つけてくれて、本当にありがとうございました」

私が見つけた宝物は、ありがとう。

「野獣の子育て」を読んでいただいたことにありがとう。感想を投稿していただいたことにありがとう。声を掛けてくれたことにありがとう。その全てに、ありがとう。

ありがとうで2022年のエッセーを締めくくりたいと思います。

ありがとぉぉぉぉぉぉ!!

2022
ありがとう

松本薫さんに続け　柔道で心身の鍛錬

オリンピックの金メダル目指して!!

石川県の少年柔道教室

石川北地区		
輪島柔道教室	輪島市	0768(22)7860
能登町能都支部柔道スポーツ少年団雄志館	能登町	090(4327)2765
志賀町少年柔道教室	志賀町	0767(36)1101
全日本柔道少年団七尾分団	七尾市	0767(57)5601
中能登柔道教室	中能登町	090(6278)4812
邑知少年柔道教室	羽咋市	080(1162)1639
かほく市少年柔道教室	かほく市	076(283)6629
津幡町少年柔道教室	津幡町	076(288)0275
内灘町少年柔道教室	内灘町	076(286)0079

金沢地区		
竹野道場	金沢市	076(257)3389
石川県立武道館 柔道教室	金沢市	076(251)5721
犀川柔道教室	金沢市	076(245)0039
KG倶楽部	金沢市	076(229)1180
北陸綜合警備 少年柔道教室	金沢市	076(269)8684
窪田柔道倶楽部	金沢市	076(298)1121
有馬正武塾	金沢市	076(231)7515
石川南地区		
野々市中央分団	野々市市	076(294)1646
田中錬正塾	白山市	076(276)2868
松任柔道スポーツ少年団	白山市	076(274)4519
鶴来坂田道場	白山市	076(272)3131
鶴来道場	白山市	076(272)1155
能美柔道クラブ	能美市	0761(55)5876
全日本柔道少年団 小松分団	小松市	0761(24)2821
加賀聖武館	加賀市	0761(74)2083

松本　薫（まつもと・かおり）

1987年、金沢市生まれ。幼少期に柔道を始める。金沢学院大学附属高、帝京大卒。2012年ロンドン五輪57キロ級金メダル、16年リオデジャネイロ五輪57キロ級銅メダル。19年現役引退、同年から所属する、現在は㈱ダシーズファクトリーで製品開発から販売までに携わる。10、12、16年北國スポーツ特別賞受賞。2児の母。

野獣の子育て

2024年7月1日　第1版第1刷発行

著者　松本 薫

発行　北國新聞社
〒920-8588 石川県金沢市南町2-1
電話 076-260-3587（出版部直通）

ISBN 978-4-8330-2308-5

ありがとう